모바일 우선주의
개정판

MOBILE FIRST
By A Book Apart
Copyright © 2011 Luke Wroblewski
Korean Translation Edition © 2013 by Webactually Korea, Inc.
All Rights Reserved.

이 책의 한국어판 저작권은 저작권자와의 독점 계약으로 웹액츄얼리코리아(주)에 있습니다.
저작권법에 의해 한국 내에서 보호를 받는 저작물이므로 무단전재와 복사 · 복제를 금합니다.
이 책 내용의 전부 또는 일부를 사용하려면 반드시 저작권자와 웹액츄얼리 북스팀의
서면 동의를 받아야 합니다.

모바일 우선주의 개정판

초판 1쇄 발행 2013년 10월 25일
개정판 1쇄 발행 2017년 04월 14일

저자 루크 로블르스키
옮긴이 임재원, 송지연
편집책임 및 감수 송지연
편집디자인 studio.triangle

펴낸곳 웹액츄얼리코리아(주)
출판등록 제2014-000175호
주소 서울특별시 강남구 논현로 132길 31 EZRA빌딩 4층
전화 (02)542-0411
팩스 (02)541-0414
매거진사이트 www.webactually.com
북스웹사이트 books.webactually.com
페이스북 facebook.com/webactually
트위터 @webactually

ISBN 979-11-85885-10-0 13000

※ 잘못되거나 파손된 책은 구입하신 곳에서 교환해드립니다.
※ 정가는 뒤표지에 있습니다.

이 도서의 국립중앙도서관 출판시도서목록(CIP)은 서지정보유통지원시스템 홈페이지
(http://seoji.nl.go.kr)와 국가자료공동목록시스템(http://www.nl.go.kr/kolisnet)에서
이용하실 수 있습니다. (CIP제어번호: CIP2017006274)

루크 로블르스키 | Luke Wroblewski

모바일 우선주의

A BOOK APART | webactually

차례

- 6 | 한국어판 출간에 앞서
- 7 | 추천의 글
- 9 | 프롤로그

- 13 | **PART 1** 왜 모바일 우선주의인가?
- 15 | chapter 1 성장
- 29 | chapter 2 제약
- 45 | chapter 3 기능

- 63 | **PART 2** 모바일, 어떻게 시작할 것인가?
- 65 | chapter 4 구성
- 85 | chapter 5 액션
- 107 | chapter 6 입력
- 135 | chapter 7 레이아웃

- 149 | 에필로그
- 151 | 감사의 글
- 153 | 도움이 되는 자료
- 155 | 참조
- 160 | 찾아보기

한국어판 출간에 앞서

《모바일 우선주의》를 한국에 소개할 수 있게 되어 매우 기쁩니다. 간단 명료하고 재미있는 이 책은 데이터 기반의 다양한 전략을 담고 있습니다. 이 책에 소개된 검증된 기술은 여러분을 모바일의 고수로 만들어줄 것이며, 모바일 이외의 다른 디자인 또한 향상시켜줄 것입니다.

제프리 젤드먼과 루크 로블르스키

We are pleased to present the publication of Mobile First in Korea. This entertaining to-the-point guidebook features data-driven strategies and battle tested techniques will make you a master of mobile—and improve your non-mobile designs, too.

Jeffrey Zeldman and Luke Wroblewski

추천의 글

데이터data를 빼고는 루크 로블르스키Luke Wroblewski가 어떤 사람인지 말하기 어려울 것입니다. 그만큼 데이터와 그는 떼려야 뗄 수 없는 관계입니다. 각설하고, 통계로 정리해보겠습니다. 그는 1,372편의 논문을 단독 저술했고, 190회의 강연을 했으며, 모바일과 웹 사용성web usability, 상호작용interaction과 디자인에 관한 세 권의 책을 썼습니다. 여러분이 지금 손에 든 그의 최신작을 포함해서 말이죠. 제 생각에는 이 책이 그중 가장 중요한 위치를 차지할 듯합니다. 그는 이 엄청난 성과를 놀랍게도 일하는 와중에 여가를 이용해 이뤄냈습니다. 어떤 때는 인터넷 업계 최대 규모 기업들에서, 어떤 때는 자신의 벤처기업에서 디지털 제품 디자인을 이끄는 수장으로서 말입니다.

초록색 셔츠를 걸친[1], 대단히 재주 많고 솔직한 이 디자이너는 지난 몇 년간 모바일 경험[2]에 심취했습니다. 이것은 그에게 좋은 기회가 되었는데, 모바일이 전체 웹과 현실 세계에서 모두 무섭게 발전하고 있기 때문입니다. 이것은 한편으로 여러분과 저에게도 잘된 일입니다. 그는 모바일을 완벽하게 파악하고 있음은 물론, 사용자를 우선하는 훌륭한 디자이너이기 때문입니다. 게다가 자신의 의사를 전달하는 데 뛰어납니다. 그의 저술은 16년간 다져온 생각의 리더십[3]과 디지털 제품 디자인 실무 수행 경험을 기반으로 하고 있습니다

---

1 로블르스키 웹사이트에서 초록색 셔츠를 입은 채 씩 웃는 저자를 볼 수 있다(http://www.lukew.com/about).
2 모바일 경험(mobile experience) : 이동성을 지닌 휴대디바이스를 사용해 리서치를 하거나 커뮤니케이션하는 행위
3 생각의 리더십(thought leadership) : 고객이 자신의 욕구나 요구 사항을 스스로 말하기 전에, 혹은 자신의 요구 사항을 알고는 있지만 겉으로 표현할 줄 모를 때 "당신이 원하는 것이 이것이지요"라고 먼저 제시하는 것

다. 수천 부의 백서white paper, 내부 보고서, 논문, 서적, 그리고 강연까지 섭렵한 사실은 굳이 말할 필요 없겠네요.《모바일 우선주의Mobile First》, 바로 이 책의 페이지마다 그가 알고 있는 모든 것을 쏟아부었다는 것도 말이죠.

이 책을 읽다 보면 재미있을 뿐만이 아니라 별로 힘들이지 않고도 아주 중요한 것들을 배우게 될 것입니다. 저자는 웹사이트 디자인에 접근하는 방식을 바꾸라고 촉구합니다. 여러분의 접근 방식 또한 달라질 것입니다.《모바일 우선주의》는 최상의 방법으로 우리를 설득합니다. 방대한 자료를 토대로 한 것이니 더이상 긴 설명이 필요 없죠. 덧붙여 우리에게 중요한 조언도 선사합니다. 실용적이고 직접적이며, 사용자에 초점을 맞춘 큰 그림을 제시하지요. 물론 세부적인 내용에도 충실하지만, 현업 실무자인 여러분의 재능과 경험치를 고려한 수준이라고 보면 되겠습니다.

저는 이 책을 정말 좋아합니다. 우리가 이 책을 출판할 수 있게 되었을 때 너무나 기쁘고 짜릿했습니다. 이 책이 모든 디자이너와 프런트 엔드Front-end 개발자, 그리고 사용자 경험을 고안하는 실무자의 책장에 꽂히기를 바랍니다. 저는 우리 산업계가 모바일 경험을 잘 활용했으면 좋겠습니다. 사용자들과 업계 모두가 온라인에서 성공을 이룰 수 있을 뿐 아니라 지속적으로 번창할 수 있도록 도와주는 방식으로 말입니다. 저는 우리 중 몇몇이라도 이 작은 책이 제시하는 교훈을 따르기만 한다면 웹의 미래는 밝다고 자신합니다.

제프리 젤드먼Jeffrey Zeldman

프롤로그

이 책은 정말이지 작고 단순한 아이디어에서 출발했습니다. 하지만 앞서 존재한 다른 많은 아이디어가 그렇듯, 그 영향력은 실로 막강해서 깊고도 넓다 하겠습니다. 말하자면 개인용 컴퓨터를 정의하는 방식과 웹 사용 방식을 바꿔버리는 것이죠. 이는 분명히 엄청난 일이지만 핵심은 어떻게 시작하느냐일 것입니다.

모바일 우선주의

지난 수년간 대부분의 웹 팀이 디자인한 제품과 정보는 주로 데스크톱과 노트북을 위한 것이었습니다. 그들에게 있어 모바일이란 어쩌다 보니 나중에야 생각하게 되는 것이었죠. 사실 이런 생각조차 들지 않는 경우도 많았습니다. 안타깝게도 이런 행태는 꽤 오랫동안 세계 각지에서 당연하게 받아들여졌습니다. 휴대전화로 인터넷을 검색한다는 건 골치 아픈 일이었습니다. 디바이스가 웹에 접속하기 위해서는 캐리어[1]가 필요했고, 이동통신망mobile network은 빠른 것 같다가도 어느새 멈춰버리곤 했습니다. 가지고 다닐 수 있는 디바이스로 웹을 사용하는 사람은 극소수에 불과했고(그나마 일본은 예외였습니다만), 그 소수의 사람들마저도 항상 불편해했습니다.

하지만 지난 몇 년 사이에 상황이 드라마틱하게 변했습니다. 이제 웹 기반 제품web product을 생각할 때 데스크톱을 가장 먼저 떠올리는 것은 구닥다리가 되었고, 앞으로 점점 더 그럴 것입니다. 모바일을 가장 먼저 생각하고 디자인하는 것은 성장을 위한 새로운 기회를 여는 열쇠이자 웹사이트나 애플리케이션의 사용자 경험user experience

---

[1] 캐리어(carrier) : 네트워크 사업자 설정

을 전체적으로 향상시킬 수 있는 원동력입니다.

바로 여기에 우리의 '조그마한' 아이디어가 있습니다. 웹사이트와 애플리케이션을 디자인하고 제작할 때 모바일 우선주의, 즉 모바일을 첫째로 두는 것입니다. 모바일 우선주의 전략은 다음과 같은 의미가 있습니다.

- 오늘날 모바일의 폭발적인 성장과 그에 따른 새로운 기회를 준비하게 합니다.
- 모바일 디자인에 내재하는 제약을 수용함으로써 제품에 집중하고 우선순위를 지정할 수 있도록 합니다.
- 모바일 디바이스와 사용 방식에 기본적으로 내재된 기능에 기반을 두고 새로운 기능을 개발함으로써 혁신적인 경험을 이끌어낼 수 있게 합니다.

당장 모바일 경험을 시작하겠다는 계획이 없다 해도 모바일 우선주의 전략에 기반을 둔 디자인 방식을 한번 생각해보는 것은 그것만으로도 가치가 있습니다. 그만큼 장점이 많다는 말입니다. 자신이 겪은 모바일 경험에 대해 반나절만 브레인스토밍을 해봐도 제품에 대한 새로운 발상이 떠오를 것입니다.

저만 이렇게 주장하는 것이 아닙니다. 세계 최대 규모의 웹 기업들 또한 모바일을 제일 먼저 생각하는 디자인 철학을 도입하고 있습니다. 에릭 슈미트Eric Schmidt 구글 회장의 조언을 들어봅시다.

"간단한 지침은 이렇습니다. 여러분이 무엇을 하고 있든 모바일을 먼저 하세요(http://bkaprt.com/mf/1)." 페이스북Facebook의 디자인 책임자인 케이트 아로노위츠Kate Aronowitz는 이렇게 말합니다. "우리는 제품을 만드는 데 있어 모바일 우선주의에 따라 모바일을 먼저, 웹을 그다음에 두는 방식을 막 시작했습니다. 우리는 모바일 디자이너들이 실제로 모바일이 지닌 제약 조건을 받아들이고 있음을 알게 되었습니다. 그리고 그것이 데스크톱으로 다시 디자인하는 방법에 대해 우리에게 많은 것을 (http://bkaprt.com/mf/2)." 어도비Adobe의 최고기술책임자 케빈 린치Kevin Lynch는 이렇게 언급했습니다. "우리는 진정 사고의 전환을 이룰 필요가 있습니다. 바로 모바일을 가장 먼저 생각하는 것입니다.… 이것은 퍼스널 컴퓨팅 혁명[2] 당시에 우리가 목격한 변화보다 훨씬 큽니다(http://bkaprt.com/mf/3)."

모바일 우선주의 전략은 앞서 언급한 기업들 외에 동종업계의 사람들에게도 중요해졌습니다. 그렇다면 모바일이 왜 그렇게 중요하고, 모바일에 맞는 디자인은 또 어떻게 시작해야 할까요? 이 책에 그 답이 있습니다. 그것이 그저 작은 아이디어에 관한 이 책을 여러분이 처음부터 끝까지 읽고 있는 이유겠지만요.

이 책에 관하여

여러분의 소중한 시간을 위해 이 책은 간단명료하게 핵심만 짚고 갑니다. 첫 번째 파트에서는 웹사이트와 애플리케이션 제작에 있어 모바일 우선주의 전략이 필요한 이유를 개략적으로 설명합니다. 두 번째 파트에서는 모바일 웹 경험mobile web experience을 디자인하는 일이 데스크톱 웹 경험을 디자인하는 일과 어떻게 다른지를 자세히 살펴봅니다. 여러분이 이미 알고 있는 웹디자인 지식을 토대로 바로 모바일 디자인을 시작할 수 있도록 말입니다.

이 책에는 프로그래밍 코드가 없습니다. 모바일 개발에 대해 저보다 훨씬 나은 조언을 해줄 프로그래머들은 많기 때문이죠. 이 책에는 모바일 우선주의 전략에 기반을 둔 비즈니스 사례와 수많은 디자인 패턴과 최상의 실전 연습이 있습니다. 여러분이 모바일 웹

---

2 퍼스널 컴퓨팅 혁명(personal computing revolution) : 1980년대 초반 Apple II의 등장과 함께 이루어진 개인용 컴퓨터 사용에 있어서의 혁신적인 변화

경험을 디자인하고 개발할 때 언제든 펼쳐볼 수 있도록 말입니다.

　이 책 전체에 걸쳐 모바일 웹mobile web 혹은 모바일 웹사이트mobile website 대신 '모바일 웹 경험mobile web experience'이라는 용어를 쓸 것이라는 점도 미리 말해둘 필요가 있겠습니다. 본질적으로 말하면 세상에는 단 하나의 월드와이드웹World Wide Web이 있을 뿐입니다. 차이가 있다면 각기 다른 디바이스에서 각기 다른 방식으로 경험한다는 것이죠. 이 책에서는 모바일 경험을 집중적으로 다루겠습니다.

　간단명료하게 얘기하겠다고 약속했으니 들어가는 글은 이제 마치도록 하겠습니다. 그럼 '조그마한' 모바일 우선주의 전략이 어떻게 여러분을 '거대하게' 만들 수 있는지 함께 살펴보겠습니다.

Part 1

왜 모바일 우선주의인가?

엘리베이터 피치 elevator pitch (역자 주: 엘리베이터를 타고 가는 시간 같은 짧은 시간 안에 간단하고 빠르게 내용이나 아이디어를 전달한다는 의미)한 마디 : 모바일 우선주의 전략으로 디자인을 해보세요. 이는 모바일 인터넷의 폭발적인 성장과 새로운 기회를 위한 준비일 뿐만 아니라 디자인에 집중함으로써 이전에는 할 수 없었던 방식으로 혁신을 이룰 수 있습니다. 물론 이 말 안에는 많은 내용이 숨어 있습니다. 이 파트에서는 바로 그 내용을 다룰 것입니다.

1 성장

지하철을 타고 가거나, 번화한 쇼핑몰이나 고등학교 근처에 가보면 최근 이루어지고 있는 인류의 진화를 목격할 수 있을 것입니다. 바로 사람들의 손에 작고 반짝이는 플라스틱 스크린이 착 달라붙어 있는 것 말입니다. 이는 어디에서나 볼 수 있는 광경입니다. 다행히도 이것은 괴상한 유전적 변이가 아니라 우리의 친구 모바일 디바이스입니다. 이 친구는 어디에나 있지요.

혹시 여러분이 최신 통계자료를 놓쳤을 수 있으니 요점만 간단히 정리해드리겠습니다. 모바일은 미친 듯 폭풍 성장(너무 전문용어죠?)하고 있습니다. 분석가들은 수년간 모바일이 '차세대 대박'이 될 것이라고 예측해왔는데요, 그들의 예언이 마침내 대박을 터뜨리며 실현되고 있는 것입니다. 얼마나 엄청난지 이해하기 위해서 최근의 통계를 보도록 하죠.

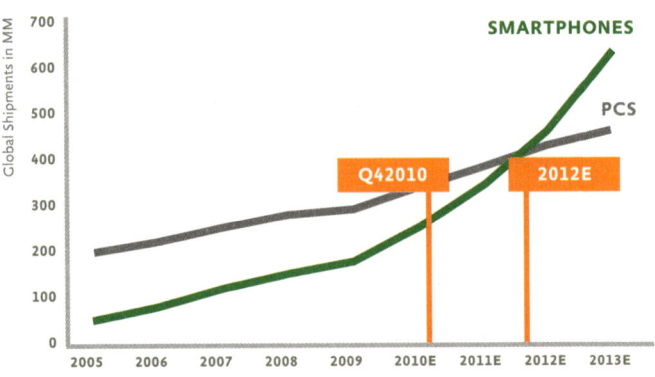

그림 1.1 전 세계 스마트폰 보급 물량이 전 세계 개인용 컴퓨터 보급 물량을 예상보다 2년 앞당겨 넘어섰습니다(http://bkaprt.com/mf/4).

- 2012년이면 세계시장에서 스마트폰이 노트북과 데스크톱, 그리고 노트북 컴퓨터를 합친 수량을 훨씬 상회할 것으로 예상되었습니다. 이 예상은 2010년 마지막 분기에 이미 도래했습니다(**그림 1.1**). 예상보다 2년이나 앞선 것이었죠.
- 이는 데스크톱이나 노트북 컴퓨터로 온라인에 접속하는 사람보다 모바일 디바이스를 이용해 웹에 접속하는 사람이 더 많아질 것임을 의미합니다. 변화는 이미 시작되었습니다. 2010년 미국 가정의 개인용 컴퓨터 사용률은 2008년에 비해 20% 감소했습니다. 무엇 때문일까요? 그동안 온라인을 순식간에 집어삼켜온 스마트폰과 태블릿이 그 이유이자 원인입니다(http://bkaprt.com/mf/5).
- 이를 뒷받침하는 추가적인 자료를 보면, 2010년 11월 웹으로 이메일 사이트에 접속한 방문자는 6% 감소한 반면, 모바일 디바이스로 이메일 사이트에 접속한 방문자는 무려 36% 증가했습니다(http://bkaprt.com/mf/6).
- 2009년과 2010년 사이 모바일 웹사이트의 트래픽은 3배 증가했고, 이

어 2010년에는 600% 증가했습니다(http://bkaprt.com/mf/7).
- 그 후로도 증가세는 점점 커지고 있습니다. 2009년에 전 세계 5억 명이 모바일 인터넷에 접속했고, 2013년에는 대용량 데이터 이용자 수가 3배가 되어 10억 명에 이를 것으로 예상됩니다(http://bkaprt.com/mf/8, http://bkaprt.com/mf/9, PDF).
- 따라서 "2013년이면 휴대용 전화기가 개인용 컴퓨터를 넘어 전 세계에서 가장 보편적인 웹 접근 디바이스의 자리를 꿰찰 것"이라는 예측이 예상보다 훨씬 빨리 이루어지리라 상상하는 것은 어렵지 않습니다(http://bkaprt.com/mf/10).

모바일 네트워크상에서 처리되는 정보량만 많아지는 것이 아닙니다. 전자상거래ecommerce와 소셜 서치social search 등 실제로 모바일 비즈니스가 활성화되고 있습니다. 그렇습니다. 모바일상에서 진짜 돈을 벌 수 있게 되었고, 바로 이 점을 고객과 이해 당사자들이 주목하고 있다는 것이죠.

- 페이팔PayPal의 하루 모바일 결제 금액이 1,000만 달러에 육박하고 있습니다(http://bkaprt.com/mf/11).
- 2010년 이베이eBay의 모바일을 통한 판매 액수는 거의 20억 달러에 달했습니다(http://bkaprt.com/mf/12).
- 2010년 3/4분기 구글Google의 모바일 검색은 130% 신장했습니다(http://bkaprt.com/mf/13).
- 판도라Pandora의 전체 사용자 중 50%가 모바일로 서비스를 구독하고 있습니다(http://bkaprt.com/mf/12).

혹시 여러분의 웹사이트나 애플리케이션은 이에 영향을 받지 않을 거라고 생각하실까 봐 말씀드리면, 일반 스마트폰 사용자가 하루에 방문하는 웹사이트는 평균 24개입니다. 방문자수 상위 50위 이내의 웹사이트도 전체 모바일 방문의 40%만을 차지합니다(http://bkaprt.com/mf/14). 즉, 여러분의 웹사이트가 모바일 성장 스토리 중 하나가 될 가능성이 높다는 거죠.

솔직히 말하자면, 이 모든 통계자료를 봐야 모바일 사용이 폭발적으로 증가하고 있다는 것을 알게 되는 것이 아닙니다. 그저 주위 사람들이 자기 손 안에 있는 작은 스크린을 얼마나 자주 들여다보는지만 둘러봐도 알 수 있습니다. 모바일은 이미 우리 삶의 일부가 되었습니다.

무엇이 변했나?

모바일을 두고 왜 그렇게 야단법석인지 설명하기 위해서 여러분과 잠시 2006년으로 거슬러 올라가겠습니다. 미국의 그때 그 시절이 어떠했는지 도저히 상상할 수 없다면, 다시 모토로라 Z3[Motorola Z3]폰을 소개하겠습니다. 엄청난 인기를 끌었던 모토로라 레이저[Motorola RAZR]폰의 후속작이죠(그림 1.2).

Z3폰은 2006년 미국의 최고급 모바일 디바이스였습니다. SMS, 이메일, 인스턴트 메시징, 2메가 픽셀 카메라, 뮤직 플레이어, 풀 컬러 화면 등에 더해 WAP 2.0/XHTML 웹 브라우저까지 갖췄죠. 그럼에도 이 디바이스로 AT&T의 초고속 데이터 네트워크인 에지[EDGE Network]에 접속하여 웹을 사용하는 경험이란 정말이지… 형편없었습니다. 끔찍했죠.

얼마나 끔찍했냐고요? 제가 측정한 바에 따르면 웹 브라우저를 시작한 후 웹 페이지를 보기까지 거의 2분이 걸렸습니다. 그저 몇 줄의 텍스트 링크로 이루어진 페이지였는데 말이죠(http://bkaprt.com/mf/15). 웹사이트의 반응 시간을 밀리세컨드[milisecond](1,000분의 1

그림 1.2 모토로라 Z3폰은 2006년 미국의 최첨단 기술을 보여주었습니다.

초)로 측정하는 세계에 사는 분은 이것이 얼마나 고통스러운 일인지 잘 알고 있을 것입니다. 문제는 기다리는 것만이 아니었습니다. 문자를 보낼 때 전화기 키패드를 원하는 문자가 나올 때까지 세 번씩 두드리는 것도 참 귀찮은 일이었죠. T9(http://bkaprt.com/mf/16) 과 같은 자동 완성 기능을 가진 문자 도구도 그다지 큰 도움이 되진 않았습니다.

하지만 일 년도 채 지나지 않아 모든 것을 바꿔버린 사건이 벌어졌습니다. 2007년 6월 29일 스티브 잡스Steve Jobs가 무대에 올라 최초의 아이폰iPhone을 소개한 바로 그 사건 말입니다. 애플빠Apple fanboy든 아니든 이 디바이스가 모바일 인터넷에 미친 영향은 누구도 부인할 수 없습니다. 웹 브라우징이 훌륭한 휴대전화가 나온 것이죠. 2007년 이후 미국 내 아이폰의 독점 통신사였던 AT&T의 2006년부터 2009년까지의 모바일 데이터 트래픽data traffic 정보를 살펴보면 이 내용을 분명하게 알 수 있습니다.(그림 1.3).

AT&T의 이 기간 동안 모바일 데이터 트래픽은 4,932% 늘어났습니다(http://bkaprt.com/mf/9, PDF). 그러고 보면 그들의 서비스가 그렇게 오래도록 들쭉날쭉했던 것도 놀라운 일이 아닙니다. 웹 브라

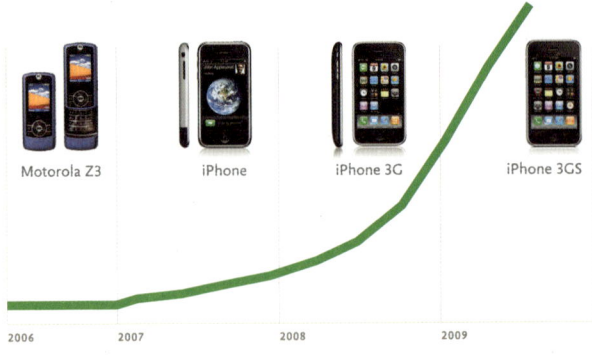

그림 1.3 AT&T의 모바일 데이터 트래픽이 급증한 현상을 볼 수 있습니다
(출처: AT&T, 모건 스탠리 리서치(Morgan Stanley Research).

우징이 형편없는 디바이스와 웹 브라우징이 훌륭한 디바이스의 차이는 실로 확연했습니다. 실제로 2009년 아이폰 한 대에서 일어나는 모바일 트래픽이 일반 피처폰 30대 만큼에 맞먹었습니다. 의심의 여지 없이 아이폰과 함께 지원된 정액 요금제가 큰 도움을 주었죠 (http://bkaprt.com/mf/17).

하지만 단순히 디바이스의 성능이 좋아지기 때문에 모바일이 성장하고 있는 것은 아닙니다. 디바이스의 가격 또한 저렴해지고 있기 때문입니다. 형편상 데스크톱이나 노트북 컴퓨터를 살 수 없었던 사람도 이제는 비싸지 않은 모바일 디바이스와 합리적인 데이터 요금제로 온라인에 접속할 수 있습니다.

더욱 빨라진 네트워크로 서비스 지역이 더 넓어진 것 역시 모바일의 성장을 가속화하고 있습니다. 2010년 한 해에만 모바일 네트워크 속도가 두 배나 빨라졌습니다. 그에 따라 스마트폰에서 분당 사용되는 데이터 트래픽의 평균량도 두 배로 늘어났습니다. 이와 같은 데이터 사용 패턴은 앞으로도 계속될 것입니다. 2010년에서 2015년 사이에 전 세계 모바일 데이터 트래픽은 무려 26배 늘어날 것으로 예상하고 있습니다(http://bkaprt.com/mf/17)!

이는 여러분에게 다가올 기회가 아주 많다는 것을 의미합니다. 그것도 굉장히 빠른 속도로 말입니다.

모든 디바이스가 동일하게 만들어지진 않는다

모바일 웹 사용량에 대해 다소 허황된 환상에 빠지기 전에 상황을 좀 찬찬히 살펴봅시다. 첫째, 모바일 데이터 트래픽에는 단지 웹뿐 아니라 더 많은 다른 것이 포함되어 있습니다. 둘째, 모바일 네트워크에서 일반 피처폰을 사용하는 사람은 여전히 다수를 차지하고 있습니다. 이러한 상황에서 피처폰을 사용하는 것과 기능이 향상된 모바일 디바이스를 사용하는 것 사이에는 엄청난 차이가 있습니다. 어떤 면에서 차이가 있는지 알아볼까요?

- 스마트폰 사용자의 35%는 최소 하루 한 번 모바일 인터넷을 브라우징하는 데 반해 피처폰 사용자 중에서 이러한 사용량을 보이는 사람은 단 4%에 그치고 있습니다.
- 스마트폰 사용자의 31%가 모바일 브라우저를 이용해 소셜 네트워크에 접속하는 데 반해 피처폰 사용자의 경우는 7%에 그치고 있습니다.
- 스마트폰 사용자의 70%가 모바일 디바이스를 이용해 이메일에 접속하는 데 반해 피처폰 사용자의 경우는 12%에 불과합니다.
- 이 모든 것은 2009년의 일입니다! 심지어 이 데이터는 그 끔찍한 웹 브라우저를 장착한 '당시의 스마트폰'도 포함한 수치입니다(http://bkaprt.com/mf/18). 따라서 현재 시점에서는 그 차이가 더 심할 것입니다.

모바일 웹에서 모든 사람이 여러분의 콘텐츠에 접근할 수 있도록 하려면 피처폰과 스마트폰, 그리고 그 사이에 있는 모든 디바이스에 맞는 해결책이 필요합니다. 하지만 이 책에서는 스마트폰용 디자인에 초점을 맞출 것입니다. 구글과 저 사이에 특별한 관계가 있어서가 아니라 다음과 같은 이유 때문입니다.

- 웹과 데이터 사용량이 스마트폰에 편중되어 있기 때문입니다. 시스코[1]에 따르면 현재 전 세계에서 사용하고 있는 전체 단말기 중 스마트폰의 비중은 13%에 불과하지만 전체 단말기 트래픽의 78%를 차지하고 있습니다 (http://bkaprt.com/mf/19; PDF).
- 스마트폰 사용 비율은 엄청난 증가세를 보이고 있으며, 이 추세는 점점 가속화되고 있습니다. 2010년 3/4분기의 스마트폰 판매량은 전년 대비 96% 성장했습니다. 스마트폰을 구매하는 사람의 수가 날마다 늘고 있다는 것입니다(http://bkaprt.com/mf/20).
- 새로운 디바이스가 쏟아져 나오면서 스마트폰은 점점 더 저렴해지고 있습니다. 이전에는 수백 달러였던 디바이스가 이제 100달러도 안 되는 가격으로 살 수 있게 되었습니다. 엄청난 수의 사용자를 포함하는 새로운 시장이 열리고 있습니다.
- 따라서 지금의 '스마트폰'이 오래 지나지 않아 일반 '전화기'의 대명사가 될 것이라 해도 과언이 아닙니다.

이러한 이유로 많은 기업체는 스마트폰을 통하여 즉각적이면서도 장기적인 고객 인게이지먼트 customer engagement 를 높일 수 있을 것으로 기대하고 있습니다. 지금 시중에 나와 있는 수많은 피처폰에도 분명 많은 기회가 있습니다. 특히 SMS와 같은 통합 서비스나 오페라 미니 Opera Mini 와 같은 특화된 모바일 브라우저를 통해서 말입니다

---

1 시스코(Cisco) : 전 세계 네트워크 장비 시장의 3분의 2를 석권하고 있는 미국의 네트워크 통신회사

(실제로 오페라 미니는 피처폰의 웹 브라우징 기능을 성공적으로 향상시켰습니다). 하지만 모바일 산업은 분명 스마트폰을 향해 가고 있고, 이 책 또한 그럴 것입니다.

하지만 스마트폰이라는 딱지가 붙었다고 해서 모두 동일하게 만들어지진 않습니다. 2010년 초, 아이폰의 데이터 사용량은 다른 어떤 스마트폰 플랫폼보다 4배 이상 많았습니다. 하지만 연말쯤 이르자 여타의 모바일 디바이스가 이를 따라잡았고, 아이폰의 데이터 사용량은 구글의 안드로이드Android 플랫폼의 1.75배에 그쳤습니다(http://bkaprt.com/mf/17).

단일 플랫폼에서의 사용량 또한 급변할 수 있습니다. RIM(리서치인모션)Research in Motion Limited [2]이 스톰storm폰과 함께 기능이 향상된 웹 브라우저를 선보이자 버라이즌 네트워크Verizon Network [3]에서 RIM의 모든 모바일 트래픽이 16%나 치솟았습니다(http://bkaprt.com/mf/21). 지금 RIM이 만드는 블랙베리Blackberry 디바이스는 이보다 훨씬 향상된 웹 브라우저를 장착하고 있으므로 사용량은 더욱 늘어날 것으로 예상됩니다.

좋은 성능의 모바일 디바이스는 사용량도 많습니다. 디바이스의 성능이 사용량에 미치는 영향 말고도 이 자료가 보여주는 것이 또 있습니다. 모바일을 둘러싼 환경이 얼마나 급변하고 있는지를 강조하고 있다는 것입니다. 모바일 디바이스의 혁신 속도는 타의 추종을 불허하며, 온갖 새로운 기회를 만들어내고 있습니다.

새로운 기능 덕분에 웹, 디지털 서비스, 정보 그리고 사람들과 상호작용하는 방법이 새로워집니다. 이에 대해서는 이 책 후반부에서 더 이야기하게 될 텐데요, 지금 제가 말하고 싶은 것은 더 좋은 기능

---

2 RIM : 캐나다의 통신디바이스 제조업체, 2013년 1월 블랙베리(Blackberry)로 개명
3 버라이즌 네트워크 : 미국의 무선 전기통신 네트워크

을 가진 디바이스와 더 빨라진 네트워크가 여러분의 웹사이트에 끼치는 영향이 단지 트래픽 증가만은 아니라는 것입니다. 여러분의 웹사이트에 접속하는 방문자들이 참여할 수 있는 완전히 새로운 기회가 생기는 것이죠.

지역 생활정보 리뷰 서비스인 옐프Yelp 4 를 살펴보겠습니다. 이 사이트의 전체 사용자 중 모바일 디바이스를 이용하는 사용자의 비율은 7%에 불과하지만 이들이 검색하는 정보는 전체 검색의 35%에 육박합니다. 옐프의 모바일 애플리케이션은 2초마다 지역 사업체로 전화 또는 운전할 때 길 안내 요청을 처리하고 있습니다(http://bkaprt.com/mf/22). 이는 사람들이 모바일 디바이스로 옐프의 서비스를 사용하기 전에는 볼 수 없었던 전혀 다른 형식의 상호작용입니다. 다른 예로는 부동산 서비스인 질로우Zillow를 들 수 있습니다. 이 사이트의 매물 현황 목록을 살펴보는 고객 중 모바일 디바이스를 사용하는 고객의 비율이 데스크톱 웹사이트를 이용하는 고객보다 45% 더 많은 것으로 드러났습니다(http://bkaprt.com/mf/23). 모바일 디바이스를 이용하는 사용자는 매물이 있는 곳을 포함한 인근 지역도 꼼꼼히 살펴보는 능동적인 구매자입니다. 그들은 이 회사에 모바일의 성장과 함께 등장한 새로운 유형의 고객입니다.

네이티브 앱은 어떤가요?

모바일 인터넷의 성장에 대해 이야기할 때 네이티브 모바일 애플리케이션native mobile application(편집자주 : 이하 네이티브 모바일 앱)과 모바일 웹 솔루션mobile web solution 사이에서 계속되는 논쟁을 언급하지 않

---

4 옐프 : 미국 지역 생활정보 검색 전문 사이트. 식당, 병원, 미용실, 부동산, 숙박시설 등의 정보를 제공

을 수 없습니다. 많은 사람이 이쪽저쪽 편을 나누어 서로 논박하지만, 사실 각자 당연히 그럴 만한 이유가 있습니다.

네이티브 모바일 앱은 웹 앱이 가질 수 없는 시스템 자원으로의 접근 권한을 가지고 있기 때문에 자연스럽게 무리없이 작동합니다. 즉, 네이티브 모바일 앱에서는 일반적으로 사용자 인터페이스User Interface (이하 UI) 전환과 상호작용이 더 매끄럽게 이루어집니다. 브라우저에서 이런 효과를 따라 하려고 시도하면 사용자 경험 측면에서 눈에 띄는 일시적 오류를 유발하게 되고, 랙lag이 걸릴 수 있습니다.

네이티브 모바일 앱은 모바일 웹 브라우저를 통해서는 얻을 수 없는 하드웨어 기능에 확실히 접근할 수 있습니다. 모바일 웹 브라우저에서는 주소록이라든가 SMS, 카메라, 오디오 입력, 그리고 내장된 센서에 접근할 수 있는 핵심 기능은 거의 사용할 수 없습니다. 백그라운드에서 프로세스를 구동하는 능력 또한 없습니다. 게다가 모바일 앱스토어mobile app store라든가 인앱 구매in-app purchase 기능을 이용해서 돈을 쉽게 벌 수도 없습니다. 네이티브가 아닌 앱은 네이티브 앱스토어에 진입할 수 없고, 그런 만큼 모바일 디바이스의 홈 화면에 등장하기가 훨씬 어렵습니다. 이로 인해 사용자가 이 앱을 인식하거나 지속적으로 사용하는 것이 더 어려워지는 것이죠.

따라서 여러분의 모바일 제품이나 비즈니스가 하드웨어, 백그라운드 프로세스, 앱 또는 인앱 판매에 심도 깊이 접근해야 한다면 네이티브 솔루션이 필요할 것입니다. 모바일 제품의 배치가 마케팅을 위하여 중요한 부분을 차지하는 경우에도 마찬가지입니다. 그렇다고 해서 모바일 웹 솔루션이 필요 없다는 것은 아닙니다.

모바일 전략가인 제이슨 그릭스비Jason Grigsby는 이렇게 말합니다.

"웹 링크는 앱을 열지 않는다. 웹 페이지로 연결될 뿐이다(http://bkaprt.com/mf/24)." 여러분의 콘텐츠가 온라인에 있다면 사람들은 어떤 방법으로든 찾아내서 링크를 공유할 것입니다. 검색을 통해서

건, 이메일을 통해서건, 혹은 소셜네트워크나 웹 페이지를 통해서건 간에 말입니다. 모바일 웹 솔루션이 없으면, 사용자가 모바일 디바이스에서 링크를 따라갔을 때 정작 경험할 수 있는 것이 아무것도 없는 상황이 벌어집니다(그들이 여러분의 콘텐츠에 접근했다고 해도 말입니다). 네이티브 모바일 앱을 가지고 있어도 도움이 안 된다는 것입니다(그림 1.4).

모바일 웹 경험에서 접근성은 사용자가 누릴 수 있는 최고의 혜택일 것입니다. 하나의 플랫폼만을 위해 네이티브 모바일 앱을 만드는 건 충분히 가능한 일이지만, 모든 플랫폼마다 하나씩 앱을 만든다는 건 매우 어려운 일입니다. 애플의 iOS는 오브젝티브 C^{Objective C}를, 구글의 안드로이드는 자바^{Java}를, 마이크로소프트 윈도우폰 7^{Windows Phone 7}은 실버라이트^{Silverlight}를 필요로 합니다. 삼성의 바다^{Bada}는 C++, RIM의 블랙베리는 자바와 웹웍스^{WebWorks}, 그리고 어도비 에어 솔루션즈^{Adobe Air solutions}가 있어야 하죠. 이 모든 기술을 가진 회사를 찾기란 어려운 일입니다. 각 플랫폼에 맞는 네이티브 앱을 만들 수 있다고 해도 유지 및 관리 비용을 생각해보면 엄두가 나지 않을 것입니다.

게다가 웹은 어쨌든 가장 인기 있는 모바일 경험이기도 합니다. 트위터^{Twitter} 가입자의 14%는 모바일 웹을 경험하는데, 네이티브 아이폰 앱의 사용 비율은 8%, 블랙베리 네이티브 앱의 사용 비율은 7%에 그치고 있습니다. 그 밖의 트위터 네이티브 모바일 앱들을 보면 각각의 사용자 수는 전체의 4% 미만입니다(http://bkaprt.com/mf/25). 페이스북^{Facebook}에서도 같은 패턴을 발견할 수 있습니다. 페이스북의 게시물 중 약 19%는 모바일 웹에서 만든 것입니다. 페이스북의 네이티브 아이폰 앱, 네이티브 안드로이드 앱, 네이티브 블랙베리 앱에서 만들어진 게시물은 각각 대략 4%에 불과합니다. 이 통계는 어디에서나 접근할 수 있다는 것이 얼마나 중요한지를 보여

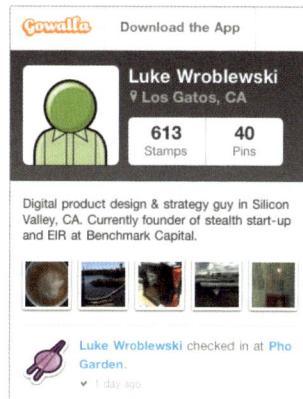

그림 1.4 위치 기반 서비스 고왈라Gowalla는 iOS와 안드로이드, 블랙베리와 팜Palm을 위한 각각의 네이티브 모바일 앱을 보유하고 있지만, 고왈라의 링크를 따라 들어온 이들을 위해 모바일 웹 경험을 제공하고 있습니다.

줍니다. 실제로 네이티브 모바일 앱은 모바일 웹의 사용을 증가시키고 있습니다. 네이티브 앱에서 웹 링크가 공유되거나 참조될 때마다 웹 브라우저 창이 열립니다. 따라서 네이티브 앱 사용이 많아지면 웹 사용도 많아지는 거죠.

또한 모바일 웹 경험은 사용자에게 업데이트된 내용을 다운로드하라고 요구하지 않습니다(서버에서의 수정은 곧 사이트의 수정이기 때문입니다). 다양한 디자인 옵션에 대해 자주 A/B(또는 버킷) 테스트[5]를 할 수도 있습니다. 이러한 고려 사항 중 어느 것이라도 여러분에게 꼭 필요한 것이 있다면 모바일 웹을 선택하는 것이 더 적합할 것입니다. 그러나 아마도 모바일 웹 솔루션으로 시작하는 가장 큰 이유는 여러분이 이미 가지고 있는 웹 디자인과 웹 개발 기술에 기반을 두고 만들기 때문입니다. 머뭇거릴 필요 없지요. 사실 저는 지금 당장 시작해야 한다고 생각합니다.

---

[5] 버킷 테스트(Bucket Test) : 전체 사용자 중에서 일부만을 대상으로 새로운 시도를 시험 적용해보는 것이다. 대표적으로 구글이 이를 잘 활용한다.

바로 지금이 기회입니다

좋은 디바이스와 더 빨라진 네트워크에 힘입어 모바일 인터넷 사용량이 폭발적으로 증가하고 있습니다. 모바일 우선주의 전략으로 구축한다면 이 성장을 여러분의 기회로 활용할 수 있을 뿐만 아니라 고객의 관심을 이끌어내는 새로운 기회의 장이 열릴 것입니다. 이것은 여러분이 기존에 만든 웹을 모바일 버전으로 만드는 그런 단순한 기회가 아닙니다. 그보다는 여러분의 고객에게 전면적으로 향상된 경험을 선사하는 그런 기회입니다.

소셜네트워크 서비스인 페이스북을 떠올려보세요. 2억 5,000만 명 이상의 액티브 유저active users(http://bkaprt.com/mf/27)들이 자신의 모바일 디바이스를 통해 페이스북에 접속하고 있습니다. 이들은 모바일 디바이스에 기반을 두지 않는 사용자에 비해 2배나 더 활동적입니다. 모바일과 데스크톱 경험을 결합하면 이들 디바이스 전부를 활용하게 되어 더욱 많은 사용자를 이끌어내는 결과를 낳습니다. 이것이 바로 페이스북이 모바일 경험을 단지 데스크톱 사이트의 일부로 여기지 않는 이유입니다. 모바일 경험이 페이스북 경험 전체를 향상시키는 방법의 하나라고 생각하는 것이죠.

페이스북의 아이폰 앱 수석개발자였던 조 휴잇Joe Hewitt은 이렇게 말했습니다. "맨 처음 내 목표는 그저 페이스북의 모바일 버전을 하나 만드는 것이었어요. 하지만 사실 웹사이트보다 더 나은 버전의 페이스북을 창조해낼 수 있다는 것을 확신하게 되었습니다(http://bkaprt.com/mf/28)." 모바일이 가져오는 기회에 대한 실로 명쾌한 정리입니다.

모바일 디바이스의 제약과 성능이 어떻게 우리에게 그 기회를 잡을 수 있도록 도울 수 있을까요? 다음 장에서 살펴보겠습니다.

2 제약

점점 진보하는 모바일 디바이스 덕에 모바일 인터넷이 놀랄 만큼 빠른 속도로 성장한 것은 사실이지만, 모바일 환경은 여전히 매우 제한적입니다. 화면은 작고 네트워크는 불안정합니다. 그리고 사람들은 이제 모바일 디바이스를 꺼내는 순간, 온갖 상황이 다 벌어질 수 있다는 것을 알고 있습니다. 하지만 이러한 제약이 있다는 것은 어떻게 보면 비즈니스뿐 아니라 디자인 작업에서도 좋은 일입니다.

'디자인이란 세련된 해결책이 나올 때까지 지속적으로 제약 사항을 적용해가는 과정이다'라는 격언에 동의한다면 더욱 그렇습니다. 다르게 말하면, 더 나은 디자인은 제약 사항에 맞붙어 싸우기보다 그것을 보듬어 안을 때 얻을 수 있다는 뜻입니다.

화면 크기

지난 수년간 웹디자인 커뮤니티에서는 데스크톱에서 사용할 수 있는 화면 크기라는 주제를 가지고 뜨겁게 논쟁을 벌여왔습니다. 마침내 1024×768픽셀이 우리의 놀이터로 정해졌습니다. 그런데 오늘날 모바일은 우리의 즐거운 놀이터를 떡하니 차지하고는 소꿉놀이 장난감보다 더 작은 크기로 줄여버렸습니다.

iOS와 안드로이드, 그리고 웹OS로 구동되는 초창기 스마트폰은 대부분 320×480픽셀 해상도를 벗어나지 못했습니다. 데스크톱 스크린 크기로 따지면 80% 정도가 없어져버린 셈이었죠. 따라서 이 80% 분량의 링크나 광고, 텍스트, 이미지 등 데스크톱에 있던 디자인은 새로운 거점을 찾거나 몽땅 사라져야만 했습니다. 한마디로 모바일 디바이스 화면에는 그들을 위한 공간이 없었죠. 그건 정말이지… 엄청난 일이었습니다.

쓸모없는 내비게이션, 괜히 부풀려진 콘텐츠, 관련없는 홍보가 웹을 얼마나 어수선하게 하는지 생각해보세요. 그러면 모바일 다이어트가 업체와 고객 모두에게 왜 좋은지 알 수 있을 것입니다. 일단 한 번 모바일 버전을 사용해본 사람들이 데스크톱 버전도 '그렇게 간결하게' 만들어 주기를 바라는 것은 이상한 일이 아닙니다.

그 이유를 알아보기 위해서 사우스웨스트 항공사Southwest Airlines 웹사이트(그림 2.1)를 살펴봅시다. 이 웹사이트는 그야말로 보여줄 수 있는 모든 것을 보여주는 예가 될 수 있을 듯합니다. 웹사이트에 무언가를 추가하는 것은 비교적 쉬운 일이기 때문에 뭔가 자꾸 늘어납니다. 특히 이와 관련된 이해 당사자가 많을수록 더욱 그렇죠.

다양한 사내 부서, 기능별 담당자, 관련 업체와 담당자들이 웹사이트를 두고 서로 다른 요구를 합니다. 그러니 웹 팀은 그 많은 홍보 관련 내용과 인터랙션(상호작용), 콘텐츠 모듈content module과 내비게이

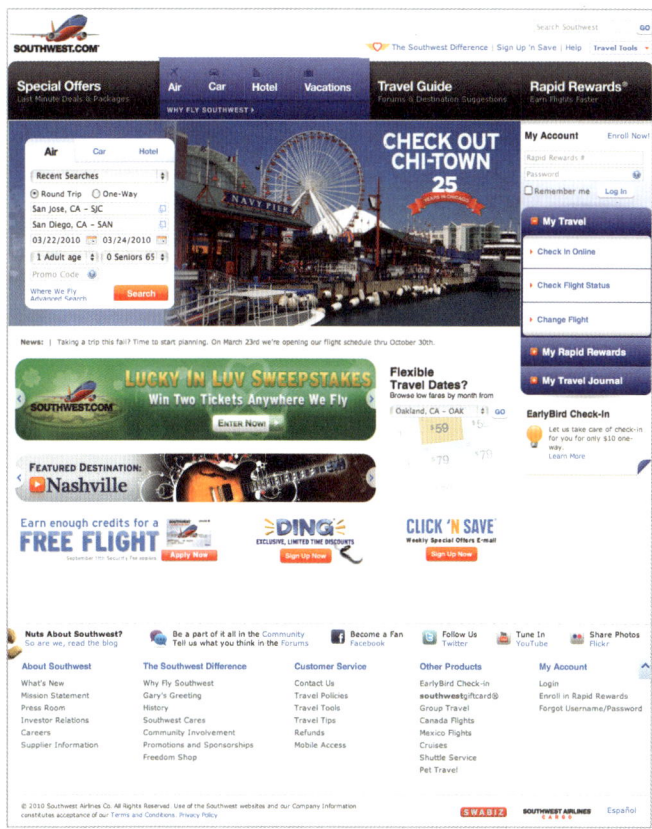

그림 2.1 사우스웨스트 항공사 웹사이트의 모든 픽셀은 각종 메시지를 비롯해 클릭을 유도하는 문구들이 서로 경쟁하듯이 채워져 있습니다.

션 옵션을 비롯한 많은 내용을 하나의 레이아웃에 조화롭게 담기 위해 고생하는 거죠. 1024x768 픽셀 크기의 화면에는 사실 채워야 할 픽셀이 상당히 많거든요!

반면 모바일 경험은(사우스웨스트의 아이폰용 네이티브 애플리케이션) 고객이 필요로 하는 것과 사우스웨스트가 하는 일 단 두 가지에 초점을 맞추어 이를 아주 명확하게 보여주고 있습니다. 여행 예약, 체

그림 2.2 사우스웨스트 항공사의 아이폰용 애플리케이션은 실제로 가장 중요한 것만 있습니다.

크인, 항공편 상태 확인, 마일리지 확인, 그리고 알림 받기(그림 2.2) 뿐입니다. 다른 것이 들어갈 자리는 없습니다. 가장 중요한 것만 들어가는 거죠.

　화면 크기가 이렇게 작아지면 디자인팀은 어느 하나에 집중할 수 밖에 없습니다. 화면에는 여러분의 고객과 비즈니스를 위한 가장 중요한 기능이 나타나도록 해야 합니다. 지저분한 인터페이스 잔해나 가치가 있을지 미심쩍은 콘텐츠를 위한 공간은 없습니다. 여러분은 가장 중요한 것이 무엇인지를 알고 있어야 합니다.

　이렇게 하기 위해서 여러분은 고객과 비즈니스 자체를 아주 잘 파악하고 있어야 합니다. 모바일을 위한 디자인을 하다 보면 좋든 싫든 자연스럽게 그렇게 될 것입니다.

　이를 좀 더 자세히 설명하기 위해서 유명한 사진 공유 사이트인 플리커Flickr를 살펴봅시다. 플리커에는 익숙할지도 모르지만 모든 것을 잘 알고 있지는 못할 것입니다. 이 사이트는 수년에 걸쳐 성장해 왔고, 그 결과 이제 상단 메뉴 하나에서만 60개 이상의 내비게이션

그림 2.3 플리커의 모든 상위 메뉴 옵션

옵션을 자랑하고 있습니다(그림 2.3).

  플리커 팀은 모바일 웹 경험을 디자인할 시점이 되자 이 60여 가지 옵션을 딱 6가지로 집중시켰습니다. 어떻게 했느냐고요? 사용자들이 사이트에서 무엇을 했는지, 그 이유는 무엇인지를 파악한 것입니다. 대부분의 플리커 사용자는 로그인 후에 자신의 사진에 어떤 일이 벌어지고 있는지를 확인하고 싶어 하더라는 거죠. 그리고 친구의 새로운 사진을 둘러보거나 사이트 전반에 걸쳐 흥미로운 이미지를 찾아다닙니다. 모바일 웹사이트는 이러한 핵심 기능을 첫 페이지의 한가운데에 배치해 집중도를 높였죠(그림 2.4).

  모바일 우선주의 전략에 따라 디자인하면 가장 중요한 것이 무엇인지 보다 빨리 합의를 이끌어 낼 수 있습니다. 우선 이것이 이루어져야 같은 원칙을 데스크톱을 비롯한 다른 웹 경험에도 적용할 수 있습니다. 고객과 비즈니스에 가장 중요한 기능과 콘텐츠가 무엇인지 동의할 수 있다면 화면 크기가 커진다고 해서 우선순위가 바뀔 이유는 없을 것입니다.

  물론 모바일과 데스크톱이라는 서로 다른 기반에 따른 사용 패턴의 차이점은 분명 있습니다. 하지만 웹 서비스의 핵심 가치는 모바일이든 데스크톱이든, 혹은 다른 어떤 포맷에서도 똑같이 유지되

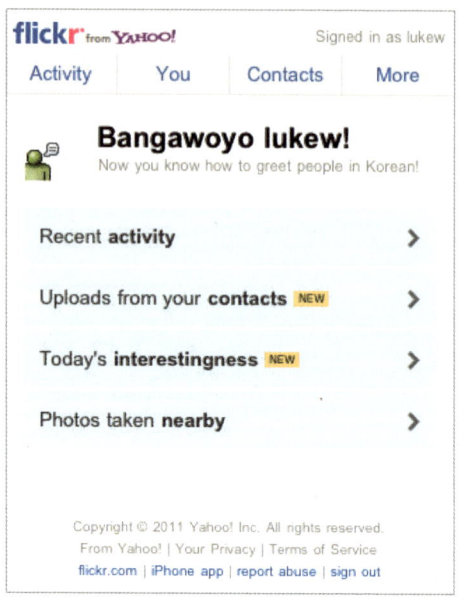

그림 2.4 플리커의 모바일 웹은 60개 이상의 내비게이션 옵션을 단 6개로 줄였습니다.

어야 합니다. 사실 여러분은 고객들이 (합리적인 수준 안에서) 모바일로 모든 것을 다 하길 원한다는 걸 금세 알 수 있을 것입니다. 특히 주로 모바일로(혹은 모바일로만) 온라인에 접속하는 경우는 더 그렇습니다. 그러니 모바일을 지나치게 단순하게 만들지는 마십시오. 사람들이 어떤 디바이스를 사용해 여러분의 웹사이트에 접속하든지 간에 가장 중요하다고 여겨지는 것에 초점을 맞추세요.

　모바일 우선주의 전략에 따라 작업하면 결과적으로 사용자들이 원하는 핵심 과제에 집중한 경험을 만들 수 있습니다. 요즘 많은 웹사이트에서 볼 수 있듯이 직관적이지 못하거나 범용 인터페이스 잔해가 어지럽게 널려 있는 상황이 벌어져서는 안 됩니다. 320×480픽셀의 화면에는 가치가 미심쩍은 요소가 들어갈 자리는 없습니다.

성능

사람들은 모바일 디바이스를 어디에서나 쓰기를 원하지만(맞아요! 당신이 지금 생각하는 거기서까지도 말입니다) 기대만큼, 바라는 만큼 모바일 네트워크가 항상 지원되는 것은 아닙니다. 설사 지원된다고 해도 (쓰고 있는 데이터 요금제에 따라) 사용료가 비쌀 수도 있고, 접속이 느리거나 대기 시간이 길어지는 등 서비스 품질이 고르지 못할 수 있습니다.

모바일을 위한 디자인이란 것은 이런 현실을 디자인한다는 것을 의미합니다. 모바일에서 성능을 높이기 위해 할 수 있는 모든 작업을 해야 합니다. 즉, 전송량을 줄이고 가능한 브라우저와 서버 기술을 사용하여 속도를 높이고 사람들에게 매달 청구되는 이동통신료를 줄이는 것입니다.

디바이스로 보내는 파일의 크기와 수 그리고 그에 따른 HTTP 요청 횟수를 조절하면 모바일 사용자들이 다운로드하는 분량을 줄일 수 있습니다. 모바일에서의 각 HTTP 요청은 모바일 네트워크 대기 시간latency 때문에 비용이 더 들 수 있기 때문에 다음을 명심하도록 하세요.

- 다수의 이미지를 하나의 파일로 묶을 수 있는 이미지 스프라이트image sprite를 사용하세요(디코딩했을 때 너무 크지 않도록 조심할 것!).
- CSS와 자바스크립트 파일을 최소화하여 번들로 묶으세요.
- 용량이 큰 자바스크립트 라이브러리에 대한 의존도dependency를 제한하거나 없애세요. 한두 가지 기능을 위해 이것을 사용하고 있다면 더욱 그래야 합니다.
- 마찬가지로 CSS 그리드 시스템의 사용을 제한하세요.
- 파일들이 브라우저 메모리에 적절히 캐시되도록 올바른 HTTP 헤더를 사

용하세요.

- 쓸 수 있는 경우라면 캔버스Canvas[1](http://bkaprt.com/mf/29)나 앱캐시Appcache[2](http://bkaprt.com/mf/30)와 같은 HTML5를 사용한 최신 브라우저 기능을 사용해보세요.
- 제가 즐겨 쓰는 방법으로, 둥근 모서리, 그레이디언트, 텍스트 섀도, 박스 섀도 효과를 위해서 CSS3 속성을 사용합니다. 사이트 전체에 걸쳐 필요한 이미지 수를 줄여주고 최신 모바일 브라우저에서도 근사하게 보이게끔 만들어줍니다. 게다가 CSS3를 충분히 지원하지 않는 브라우저를 위해 괜찮은 대비책을 제공하기도 합니다. 그렇다고 CSS3 효과를 과용하지는 마세요. 브라우저가 처리해야 할 아이템이 너무 많으면 성능을 해칠 수도 있습니다.

속도 문제는 모바일에서만 중요한 것이 아닙니다. 아마존Amazon과 야후Yahoo!, 마이크로소프트를 비롯한 많은 업체들이 시행한 테스트 결과를 보면, 데스크톱에서의 아주 미세한 딜레이delay(0.1초 정도)에도 사용자들은 미련 없이 떠나버린다는 사실이 꾸준히 발표되고 있습니다. 구글에서 실행한 장기적인 연구 결과를 보면, 딜레이된 것을 복구한 지 5주가 지나도 여전히 사람들의 활동은 줄어든 상태라고 합니다(http://bkaprt.com/mf/31). 이처럼 속도 성능은 데스크톱에서도 중요한 문제입니다.

모바일 우선주의 전략에 기반을 두고 서비스 품질이 고르지 못한 모바일 네트워크에서도 웹사이트와 애플리케이션이 충분히 빠르게 작동하게끔 만든다면, 데스크톱에서 그 웹사이트와 애플리케

1 캔버스 : 자바스크립트로 웹페이지에 이미지를 그리거나 동적인 이미지를 표현하는 웹 표준 기술
2 앱 캐시 : 브라우저 캐시와는 다르게 전적으로 웹 어플리케이션에 의해 관리되어 어떤 파일을 캐시할지부터 캐시된 파일을 업데이트할지 말지를 웹 어플리케이션이 결정하게 된다.

이션은 빛의 속도로 빨라질 것이며, 고객들은 열광할 것입니다. 이는 모바일의 제약을 적극적으로 수용할 때 얻는 여러 이점 중 하나에 불과합니다.

시간과 장소

콘텍스트 context란 단순하게 말하자면 어떤 일이 벌어지는 상황을 뜻합니다. 예를 들어 데스크톱 컴퓨터는 (사무실이나 가정집이) 책상에서 대부분 사용됩니다. 지속적인 전력 공급과 네트워크 연결, 비교적 독립된 공간, 앉아 있는 자세 등을 떠올릴 수 있겠네요. 반면 모바일 디바이스의 경우 책상에 앉은 채로 장시간 사용하는 사람도 있겠지만, 훨씬 다양한 상황에서 사용이 가능합니다. 모바일 디바이스라는 것이 원래 들고 다닐 수 있는 것이기 때문이죠.

모바일 디바이스는 (거의) 항상 소유자와 함께 있다 보니 사용 방법에 있어 위치와 시간이 큰 역할을 합니다. 이러한 콘텍스트는 디자인에 엄청난 영향을 미칩니다. 모바일을 위해 디자인한다는 것은 곧 언제 어디서나 사용할 수 있도록 디자인을 한다는 것이니까요.

장소

모바일 디바이스를 위한 디자인을 떠올릴 때 많은 사람은 머릿속으로 비즈니스맨이 거리를 바삐 걸어가는 장면을 가장 먼저 그립니다. 그 또한 실생활에서 사용되는 경우로 고려해야 하는 것이 맞지만, 모바일 디바이스가 자주 사용되는 장소는 훨씬 다양합니다. 최근 한 설문조사에서 사람들이 어디에서 스마트폰을 많이 사용하는지 알아보았습니다.

- 84%는 집에서

- 80%는 정해진 때 없이 하루 중 틈이 날 때
- 74%는 줄을 서 있거나 약속 시간을 기다릴 때
- 69%는 쇼핑하면서
- 64%는 업무 시간에
- 62%는 TV를 보면서(다른 연구에서는 84%에 달한다고 보고했습니다.)
- 47%는 출퇴근 시간에

스마트폰을 사용한다고 답했습니다.

이 가운데 84%가 집에서 모바일 디바이스를 사용한다는 점은 사실 시사하는 바가 큽니다. 집에서 잠시 이메일을 체크하는 상황이 거리의 바쁜 비즈니스맨보다 더 모바일과 연관된 이야기일 수 있습니다. 두 상황의 공통점은 사용자의 관심을 온전히 유도하지는 못한다는 것입니다.

모바일 디바이스를 사용하는 다양한 패턴을 살펴보다 보면 사람은 '한쪽 눈과 한쪽 엄지로 이루어진 생명체' 같습니다. 한 손에 모바일 디바이스를 들고 엄지손가락 하나로 제어하는 경우가 많을테니 한쪽 엄지, 모바일 디바이스가 사용되는 많은 장소에서 사용자의 집중력은 분산될 수밖에 없기 때문에 한쪽 눈이라 하겠습니다.

그들은 줄을 서서 기다리며 스포츠 경기 점수를 슬쩍 들여다보고 있을 수도 있습니다. 한쪽 팔에 아기를 안고 다른 팔에 모바일 디바이스를 들었을 수도 있죠. 혼잡한 지하철을 타고 출근하는 중일지도 모릅니다. 혹은 소파에 앉아 TV를 켜둔 채 쉬고 있을 수도 있죠. '한쪽 눈과 한쪽 엄지'를 고려한다면 여러분은 이 모든, 혹은 이보다 더한 상황에서도 사람들이 쉽게 사용하고 이해할 수 있도록 모바일을 위한 디자인을 단순화할 수밖에 없습니다.

집중을 방해하는 요소가 없는 상황에서 모바일 디바이스를 사용할지라도 모바일 경험을 단순화하는 것이 사람들이 편안하고 여

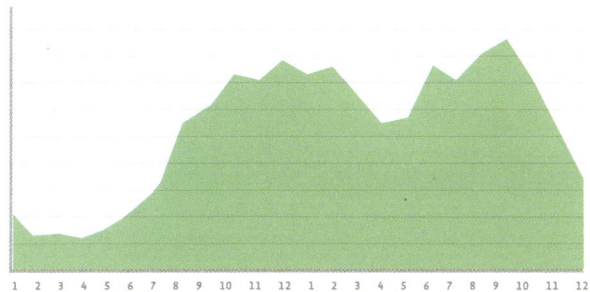

그림 2.5 사람들이 저장한 기사를 자신의 컴퓨터에서 읽는 시간대(http://bkaprt.com/mf/33)

유롭다고 느끼게 하는 데 많은 도움이 됩니다.

시간

엄밀히 말하자면 사람들은 언제든 컴퓨터를 사용할 수 있지만, 하루 중 어떤 디바이스로 어떤 시간대에 더 많이 사용하는지를 보면 그 결과는 다양하게 나타납니다. 그림 2.5에 있는 그래프는 매시간 '리드잇레이터Read It Later' 사용자들이 매시간 자신의 데스크톱과 노트북 컴퓨터에서 읽은 기사의 수를 보여줍니다. 읽은 기사의 수는 정오까지 가파르게 증가하다가 뚝 떨어지기 시작하고, 이는 업무 시간 이후(오후 6~9시)까지 이어집니다.

두 번째 그래프가 보여주는 것은 매시간 사용자가 아이폰을 이용해서 읽은 기사의 수입니다(그림 2.6). 여기에는 네 번의 정점이 있습니다. 오전 6시(아침 식사 시간), 오전 9시(아침 출근과 업무 시작 시간), 오후 5~6시(하루 업무 종료와 퇴근 시간), 오후 8~10시(소파에서 쉬는 시간, TV 시청률이 높은 시간대, 잠자리에 드는 시간)입니다.

컴퓨터를 사용하는 시간과 모바일 디바이스를 사용하는 시간은 확연히 구분됩니다. 태블릿 PC의 경우는 또 다릅니다. 다양한 디

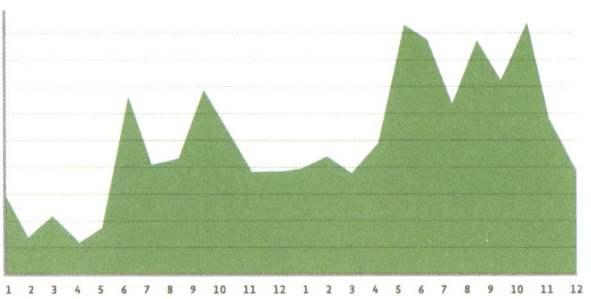

그림 2.6 사람들이 저장한 기사를 아이폰으로 읽은 시간대(http://bkaprt.com/mf/33)

바이스가 웹사이트나 애플리케이션 사용에 어떤 영향을 미치는지 더 자세히 알아보기 위해 사람들이 '리드잇레이터'에 저장한 기사를 아이패드ipad로 읽은 시간대를 살펴보았습니다(그림 2.7). 이는 오전 중에 한 차례 살짝 늘어나서 하루 내내 지속적으로 사용되긴 하지만, 역시 아이패드에서의 기사 구독은 대부분 저녁 시간 침대에서 일어납니다. 물론 제 경우는 오로지 웹디자인 관련 기사만 본다고 맹세합니다!

이것을 보면 디바이스마다 각기 다른 시간대에 사용되곤 한다는 것을 알 수 있습니다. 어떤 경우에는 그저 접근성의 문제일 수도 있습니다. 필요한 것을 얻기 위해 사용할 수 있는 디바이스 중 지금 내게 가장 가까이 있는 것이 무엇인가 하는 것이죠. 하지만 다른 많은 경우에는 다양한 디바이스가 있더라도 특정한 디바이스가 특정한 종류의 과제에 더 적합하기 때문에 이런 현상이 벌어지는 것으로 보입니다. 이는 하나의 챠트에서 컴퓨터와 모바일 디바이스의 사용을 함께 놓고 보면 더욱 명확해집니다(그림 2.8).

그림 2.8은 사람들이 모바일 기기를 짧은 버스트burst로 자주 사용한다는 것(이것이 그래프에서 정점의 모양이 더 날카로운 이유이기도 하

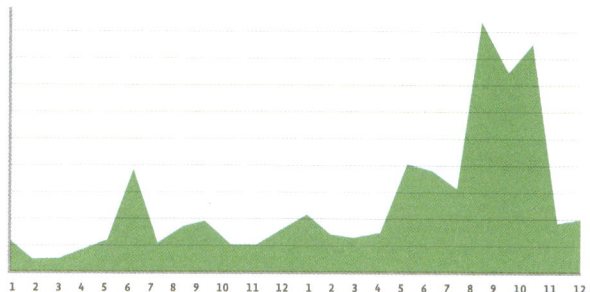

그림 2.7 사람들이 저장한 기사를 아이패드로 읽은 시간대(http://bkaprt.com/mf/33)

죠)을 잘 보여주고 있습니다. 노키아Nokia의 레이첼 힌만Rachel Hinman[3]은 모바일 사용 행태와 데스크톱 사용 행태의 차이를 극명하게 보여주는 훌륭한 비유를 들었습니다. 데스크톱이 '다이빙diving'이라면 모바일 디바이스는 '스노클링snorkeling' 이라는군요(http://bkaprt.com/mf/34).

웹 애플리케이션은 짧고, 버스트같은 행태에 적합합니다. 고객에게 하루종일 빠르면서도 관련성이 높은 최신의 업데이트를 제공하는 것이죠. 이에 모바일 업계에서는 웹 애플리케이션이 무성한 잡초처럼 엄청난 기세로 성장하고 있습니다. 예를 들면, 모바일 브라우저를 통한 페이스북 접속 수는 1년 동안 112% 증가했습니다. 모바일 브라우저를 통한 트위터 접속 수는 단 1년 만에 347% 급성장하는 쾌거를 이루었습니다(http://bkaprt.com/mf/18). 이 두 서비스는 모두 '친구의 상태 업데이트' 라는 바다에서 스노클링하기에 완벽한 형태입니다.

---

3 레이첼 힌만(Rachel Hinman) : 노키아 리서치 랩(Nokia Research Lab.)의 모바일 UX 전문가

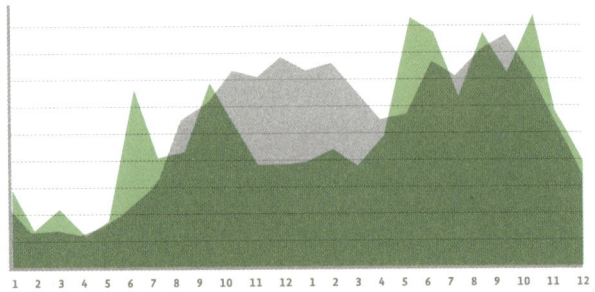

그림 2.8 사람들이 저장한 기사를 컴퓨터로 읽은 시간대와 아이폰으로 읽은 시간대
(http://bkaprt.com/mf/33)

하지만 명심하세요. 다이빙을 하건 스노클링을 하건 여러분이 보고 있는 건 바닷속 물고기입니다. 모바일에서 사람들이 상호작용하는 시간과 공간은 서로 다를 수 있지만, 여러분이 만든 웹사이트의 핵심 가치는 여전히 같습니다. 다시 한 번 강조하지만, 사람들이 모바일 기기를 사용한다는 이유만으로 콘텐츠와 기능을 배제하지 마세요.

제약 사항 안고 가기

어쩌면 처음에는 모바일이 가진 제약 사항이 우리를 제한하는 것처럼 느낄 수도 있습니다. 화면은 작고, 접속은 느리며, 사용자가 보이는 관심은 부분적인 데다 짧은 시간에 잠깐씩 사용할 뿐이기 때문이죠. 모바일 우선주의에 따른 디자인은 이러한 제약을 수용하여 모바일 기기에 적합한 멋들어진 해결책을 찾게 합니다. 이를 통해 얻는 이점은 앞서 말한 것처럼 모바일에 국한되지 않습니다.

먼저 작은 화면 크기는 고객과 비즈니스를 위해 정말 중요한 것이 무엇인지 우선순위를 정하도록 압박합니다. 다른 게 들어갈 만한 공간이 없기 때문이죠. 다음으로 느린 접속과 제한된 데이터 요금제에 대비하여 성능 향상에 공을 들이다 보면, 여러분의 웹사이트는 어디서나 빠르게 잘 돌아갈 것입니다.

모바일을 위한 디자인 과정에서는 시간과 공간이 제약 사항으로 작용합니다. 여러분이 만든 것을 사용자가 하루 종일 어떻게 사용할지에 대해 이제까지와는 다르게 생각해야 합니다. 이것은 여러분의 업무 혁신에 도움이 될 새로운 기회를 만들어낼 수도 있을 것입니다. 이제 모바일 덕분에 여러분이 할 수 있는 새로운 일들에 관해 이야기해보도록 하죠.

3 기능

모바일 디바이스와 네트워크, 그리고 모바일 사용 패턴이 가진 제약 사항은 모바일 경험에 집중하게 하고 단순화시키는 데 오히려 도움이 됩니다. 모바일을 위한 디자인은 이러한 한계를 받아들여 안고 가는 과정일 뿐 아니라 여러분의 능력을 확장하는 과정이기도 합니다.

사람들은 시간과 장소의 구애를 받지 않고 모바일 디바이스를 사용할 수 있고, 실제로도 그렇게 하고 있습니다. 이로 인해 고객의 니즈needs를 충족시켜 비즈니스의 목표를 성취하는 새로운 길이 열리고 있습니다. 이러한 기회들을 현재 많은 모바일 디바이스에서 선보이고 있는 기술력과 결합할 때 혁신적인 경험을 대거 이룰 수 있을 것입니다.

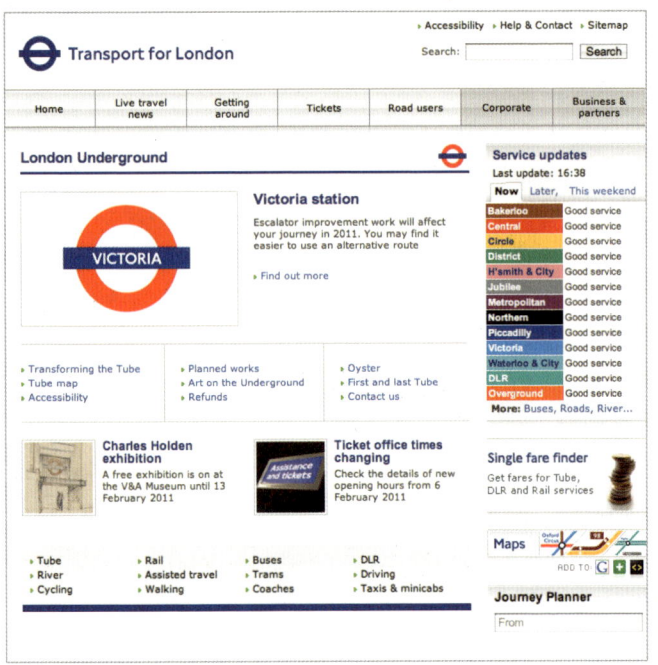

그림 3.1 런던 교통청 사이트(http://www.tfl.gov.uk)

이렇게 말하면 사내 프레젠테이션처럼 지루하게 들릴 수도 있을 테니 하나의 이야기로 개념을 정리해보겠습니다.

지하철역 찾기

지난번 런던을 방문했을 때 저는 몇 군데 가보고 싶은 곳이 있었습니다. 런던은 그전에도 가본 적이 있었기 때문에 여기저기 돌아다닐 때는 지하철(튜브라고 부르기도 하죠)이 최고라는 것을 알고 있었습니다만 어디로 가야 가장 가까운 역을 찾을 수 있을지는 몰랐습니다. 하지만 이 문제는 노트북에서 잠깐 검색해서 런던 교통청 사이

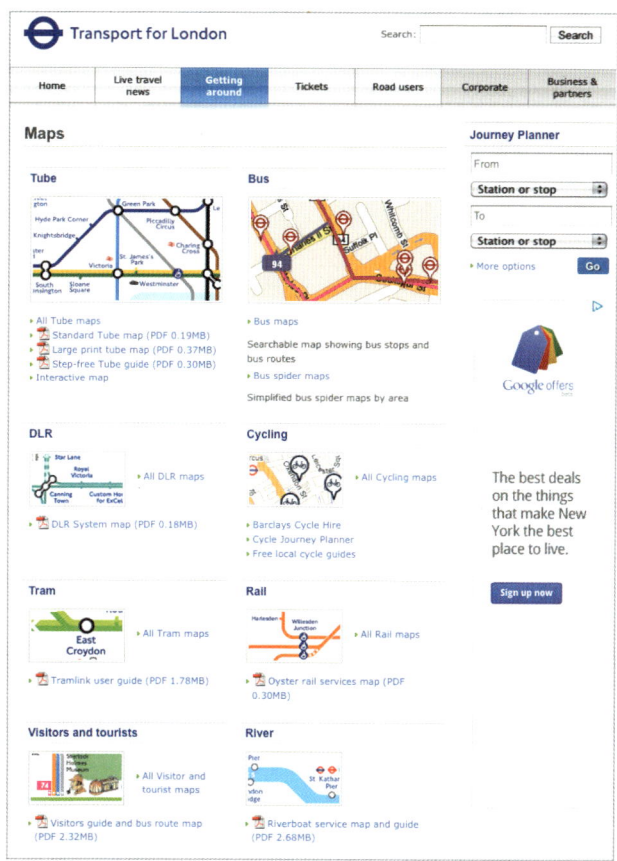

그림 3.2 런던 교통청 사이트의 지도Maps 페이지에는 수년에 걸친 웹디자인의 뛰어난 경험 사례들이 녹아 있습니다.

트(그림 3.1)에 접속하는 걸로 쉽게 해결되었습니다.

   이 사이트에 접속하자 지하철 노선으로의 링크를 쉽게 찾을 수 있었고, '표준 지하철 노선도'의 링크가 있는 '지도Maps' 전용 웹 페이지에도 도착할 수 있었습니다.

   여기서 제가 다시 한 번 강조하고 싶은 것은 런던 교통청 사이트

그림 3.3 검색 결과로 찾은 PDF 파일로 만들어진 지하철 노선도

에는 웹 사용성과 정보 설계 information architecture 분야의 모범 사례가 다수 적용되어 있다는 것입니다(그림 3.2). 런던 교통청 사이트에 가면 무엇이 링크인지 확실히 구분되어 있고, 커다란 이미지는 각 섹션의 시각적 정보를 제공합니다. 각 링크에는 PDF 아이콘과 파일 크기의 주석이 달려있어 다음 스텝이 무엇인지 금방 알 수 있게 되어있습니다. 뿐만 아니라 이 사이트의 개발자들은 사이트의 다양한 페이지를 구성하는 방법과 사용자들이 페이지 사이를 이동하는 방법에 대해 많이 고민했다는 것을 확실히 알 수 있었습니다. 그래서 저 또한 정확한 정보를 찾고 PDF 파일로 만들어진 지하철 노선도에 접근하기까지가 전혀 어렵지 않았습니다(그림 3.3).

자, 이제 가장 가까운 지하철역 찾기를 '니어리스트 튜브 Nearest Tube'라는 모바일 네이티브 애플리케이션을 사용하였을 때 데스크톱과 어떻게 다른지 비교해보겠습니다. 니어리스트 튜브는 모바일 디바이스에 내장된 몇 가지 기능을 사용해서 굉장히 다른 경험을 할 수 있도록 합니다. 위치 탐지 서비스 location detection services, 전자 나침반 digital compass(혹은 자기 탐지기 magnetometer), 비디오 카메라, 그리고 가속도

그림 3.4 니어리스트 튜브 애플리케이션은 모바일 디바이스에 내장된 비디오 카메라와 전자 나침반을 사용해서 가까이 있는 지하철역을 알려줍니다 (http://bkaprt.com/mf/35).

계accelerometer가 그것입니다.

  위치 탐지 기능을 통하여 지도에서 현 위치를 찾고, 전자 나침반으로는 어느 방향으로 가야할지를 결정할 수 있으며, 비디오 카메라는 현재 보고 있는 화면에 디지털화된 정보를 보여줍니다. 다시 말해 니어리스트 튜브를 사용해서 가장 가까운 지하철역을 찾기 위해 할 일은 애플리케이션을 열고 화면을 보는 것뿐입니다 (그림 3.4).

  가장 가까운 지하철역을 가리키는 표시와 가는 길, 그리고 지금 위치에서 얼마나 멀리 있는지가 현재 보고 있는 화면 위에 겹쳐져서 표시됩니다. 이 애플리케이션이 사용하고 있는 또 하나의 기능은 가속도계(디바이스가 어떻게 움직이는지 측정하는 센서)인데, 카메라로 가리키는 위치에 따라 나타나는 정보가 변경됩니다. 디바이스를 자신의 앞에 두면 가까운 역에 관한 정보를 더욱 자세히 볼 수 있고, 디바이스를 위로 들어 올리면 더 멀리 떨어진 역에 관한 같은 정보를 얻을 수 있는 거죠 (그림 3.5).

  이러한 모바일 '증강 현실 체험Augmented experience'이 우리가 이미 사용하고 있는 데스크톱 웹보다 더 좋다는 말은 아닙니다. 왜냐하면

밑으로 보기

앞으로 보기　　　　　　　　　　위로 보기

그림 3.5 니어리스트 튜브는 모바일 디바이스를 두는 위치에 따라 서로 다른 정보를 제공합니다.

솔직히 말해 둘 다 사용성usability 측면에서 논쟁이 있기 때문입니다. 놀라운 점은 사용자의 동일한 요구를 데스크톱 웹사이트와 모바일 애플리케이션이 전혀 다른 방법으로 해결한다는 것입니다.

니어리스트 튜브는 모바일 디바이스의 기능(카메라, 위치 탐지, 자기 탐지기, 가속계)을 사용하여 군더더기 없이 멋지게 혁신한 사용 사례입니다. 이렇듯 모바일이 지닌 가능성이 펼쳐져 있습니다. 손만 뻗으면 얻을 수 있는 신나고 새로운 도구를 사용하여 사람들의 니즈를 충족할 수 있도록 혁신해 봅시다.

브라우저에는 어떤 기능이 있나요?

한 가지 짚고 넘어가겠습니다. 니어리스트 튜브가 모바일 네이티브 애플리케이션에서 선보였던 모든 것을 현재 모든 모바일 웹 브라우저에서 사용할 수는 없습니다. 방금 우리가 살펴본 기능의 절반(위치 탐지 기능과 디바이스 방향[1])은 대부분 사용 가능하지만, 나머지 절반(비디오 카메라와 자기 탐지기)은 이 글을 쓰고 있는 시점에서는 대부분의 스마트폰 웹 브라우저에서 사용할 수 없을 것입니다. 그래서 앞서 언급했듯이 네이티브 방식으로 구축할 이유가 분명히 있습니다. 하지만 긍정적으로 생각해본다면, 모바일 웹 브라우저에서 사용 가능한 흥미롭고 새로운 기능은 여전히 많고, 또한 계속 더 많은 기능이 더해지고 있습니다.

가장 중요한 기회는 특정한 하드웨어 기능이 아니라 사람들의 니즈에서 비롯되는 점도 꼭 짚을 필요가 있겠습니다. 기술력은 이러한 요구를 새롭고 흥미로운 방법으로 충족시키는 데 도움이 되겠지만, 단지 우리가 기술력이 있다는 이유만으로 무언가를 만드는 일은 대부분 고객에게 별 도움이 되지 않습니다.

위치 탐지 기능

데스크톱의 경우, 사용자가 어느 국가에서 우리 웹사이트에 접속했는지 99% 정도 알 수 있습니다. 유용한 정보이긴 하지만 이 데이터를 활용할 일은 많지 않습니다. 반면 대부분의 스마트폰에는 누군가의 위치를 탐지하는 여러 가지 방법이 있으며 브라우저 내에서도 접근할 수 있습니다. 라홀 네어 Rahul Nair가 정리한 표 3.1은 우리가 사용할 수 있는 기술을 한눈에 훑어볼 수 있도록 합니다.

기지국 방식은 최신 피처폰의 위치를 알아내는 데도 쓰이지만, 아이폰 같은 디바이스는 위치를 파악할 때 2/3에서 3/4 정도의 시

---

1 디바이스 방향(device orientation) : 알파, 베타, 감마 세 가지 각도를 이용하여 디바이스의 중력에 대한 물리적인 방향을 감지할 수 있다.

	정확도	위치 결정 시간	배터리 수명
GPS	10m	2~10분(실내에서만)	대부분의 전화기에서 5~6시간
WiFi	50m(밀도에 따라 향상)	거의 즉각적 (서버 연결과 조회)	부가적인 영향 없음
기지국 삼각 측량 Cell tower triangulation	100~1400m (밀도에 근거하여)	거의 즉각적 (서버 연결과 조회)	미미함
단일 기지국 Single cell tower	500~2500m (밀도에 근거하여)	거의 즉각적 (서버 연결과 조회)	미미함
IP	국가: 99% 도시: 미국 46%, 다른 국가 53% 우편번호: 0%	거의 즉각적 (서버 연결과 조회)	미미함

표 3.1 최신 모바일 디바이스가 위치를 탐지하는 다양한 방식을 정리했습니다. 스마트폰은 GPS와 WiFi, 기지국 삼각 측량 방식을 함께 사용합니다. 노트북과 데스크톱은 WiFi와 IP 방식을 사용하고, 드물게 GPS 방식을 사용하기도 합니다.

간을 WiFi 신호를 찾는 데 사용합니다. WiFi 신호는(WiFi 핫스폿의 위치에 근거하여) 실내에서도 작동하고, 별도의 배터리 수명을 잡아먹지 않으며, 거의 즉시 위치를 알아낼 수 있습니다. GPS 방식은 장소, 배터리, 시간 면에서 모두 문제가 있지만 위치의 정확도 면에서는 WiFi 방식보다 더 낫습니다. 정확한 위치를 찾는다면 GPS와 방식이 훨씬 확실합니다.

하지만 이런 문제에 대해 너무 걱정하진 마세요. 위치 API를 공급하는 웹 브라우저를 사용하기만 하면 요청 즉시 디바이스로부터 가장 정확한 위치 정보를 얻을 수 있으니까요.

위치 탐지 기능은 다양한 모바일 웹 경험을 위해 매우 중요합니다. 현재 위치 정보를 이용해 가장 가까운 영화관이나 레스토랑, 현지 날씨, 교통 정보, 다른 사람들이 남긴 (사진과 댓글 같은) 디지털 아티팩트 등 관련 정보를 전달할 수 있습니다. 현재 위치 정보는 검색 결과에 스마트 기본 설정값을 설정하거나 현재 위치에 따라 활동이나 선택 사양을 사용자에게 맞게 지정하는 데에 쓰일 수도 있습니다(그림 3.6, 3.7).

앞서 보았듯 정확한 위치 정보는 여러분의 서비스에 새로운 사용성을 만들어낼 수 있습니다. 2초마다 사람들은 자신의 모바일 디바이스에서 옐프 서비스를 이용해 지역 업체에 전화합니다. 모바일로 질로우Zillow를 방문한 사람들이 매시간 찾아보는 주택의 수는 2만 채에 달합니다. 위치 정보 서비스를 이용한 수익 모델은 정말 무궁무진합니다.

디바이스 방향 / 가속도계

모바일 디바이스와 달리 데스크톱 모니터와 노트북은 그 자체의 크기 때문에 상대적으로 움직임이 적은 편입니다. 하지만 손바닥에 꼭 들어맞는 모바일 디바이스는 가로나 세로로의 방향 전환, 회전, 이동 등이 쉽습니다. 가속도계를 사용하면 이 모든 모바일 디바이스의 움직임을 알 수 있습니다. 그래서 웹사이트나 애플리케이션이 우리의 움직임에 따라서 반응할 수 있는 것이죠.

가속도계를 사용하는 가장 간단한 방법은 디바이스의 화면이 가로에서 세로로 혹은 그 반대로 회전하는 시점을 감지하는 것입니다 (http://bkaprt.com/mf/36). 작다면 작은 이 기능을 사용해서 사소한 것부터 우리가 상상하는 그 이상의 것까지 다양한 애플리케이션의 변화를 만들어낼 수 있습니다.

구글은 안드로이드용 네이티브 이메일 애플리케이션에서 이 기능을 이용하여 메일을 작성할 때 더 많은 공간을 제공합니다. 디바

그림 3.6 카약Kayak의 모바일 웹 경험에서는 현재 위치 정보를 이용해 호텔을 검색할 수 있습니다.

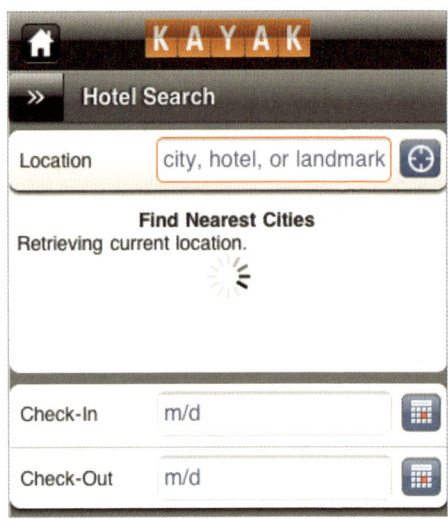

그림 3.7 글림스Glympse의 모바일 웹 경험에서는 특정인이 얼마나 멀리 있는지, 그리고 그 사람이 도착하는 데 얼마나 걸릴지를 알 수 있습니다.

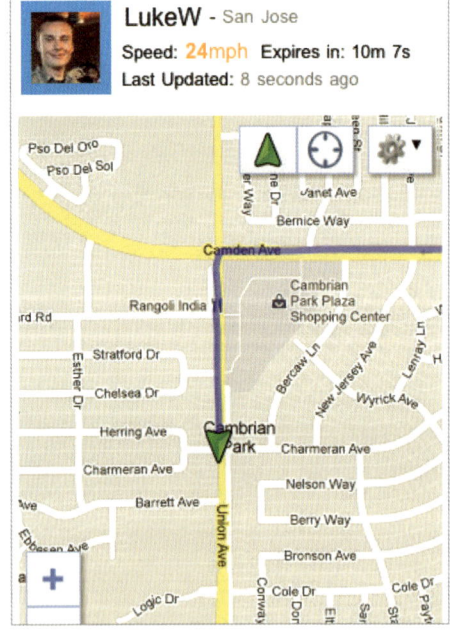

그림 3.8 안드로이드용 지메일Gmail 애플리케이션은 디바이스를 가로 모드로 돌리면 이메일을 작성하는 텍스트 필드 공간이 넓어집니다.

이스가 가로 모드로 전환되면 메시지를 작성하는 텍스트 입력 영역이 넓게 펼쳐지고 우측에 '완료' 버튼이 나타납니다(그림 3.8).

이때 디자인의 변화가 없었다면 모바일 디바이스를 가로 모드로 돌렸을 때 이메일을 입력하는 일이 더 어려웠을지도 모릅니다. 공간은 좁아지고 텍스트 필드가 더 많아졌겠죠. 하지만 구글은 더 많은 공간을 사용자에게 제공함으로써 모바일 디바이스가 가진 잠재적 한계를 사용성이 좋게 바꾸었습니다.

가속도계는 또한 디바이스가 손 안에서 움직이는 속도를 알려줍니다. 이 기능 하나로 인해 웹에서의 평범한 작업을 더 쉽고 재미있게 수행할 수 있습니다. 온라인으로 기사를 읽는다고 생각해보세요. 매일 수백만 명의 사람들이 첫 단락을 대충 훑어보고 마우스 휠을 이용하거나 브라우저의 스크롤바를 클릭해서 아래로 내려갈 것입니다. 혁신의 범위가 그다지 넓어 보이지 않죠?

하지만 다시 한 번, 우리는 모바일 디바이스의 기능이 데스크톱의 기능을 앞서는 것을 다음과 같은 예에서 알 수 있습니다. 기사를

틸트 스크롤링(기울여서 스크롤하기)
틸트 스크롤링 기능을 활성화하면 아이폰을 앞뒤로 살짝 기울여서 자동으로 위아래로 스크롤할 수 있다.

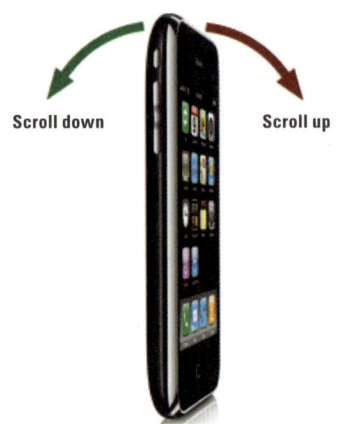

그림 3.9 인스타페이퍼의 틸트 스크롤링Tilt scrolling 기능을 사용해 화면을 터치할 필요 없이 자신에게 맞는 속도로 기사를 읽을 수 있습니다.

저장했다가 모바일 디바이스(를 포함한 다른 디바이스)로 나중에 읽을 수 있는 독서 서비스인 인스타페이퍼Instapaper의 경우입니다. 인스타페이퍼의 아이폰용 애플리케이션은 전화기를 기울이면 나오는 가속도계 데이터를 사용해 기사를 점차적으로 스크롤합니다. 스크롤링이 따로필요 없는 것이죠(그림 3.9). 자신이 읽는 속도에 맞춰서 디바이스를 더 기울이거나 덜 기울일 수도 있습니다. 이렇듯 온라인에서는 너무나도 평범한 작업일지라도 모바일 디바이스의 기능을 통해 새롭게 해석될 수 있습니다.

눈치가 빠른 독자라면 지금까지 말한 두 가지 예 모두 모바일 웹 애플리케이션이 아닌 네이티브 애플리케이션이라는 사실을 알아차렸을 것입니다. 이제 균형을 맞추기 위해 웹 브라우저에서의 디바이스 방향의 두 가지 쓰임새를 찾아보도록 하겠습니다.

그 첫 번째는 오랫동안 사랑받아 온 스노글로브snow globe를 디지털

그림 3.10 아이폰을 흔들기만 하면 로봇이 있는 스노볼에 눈이 내립니다 (http://bkaprt.com/mf/37).

로 재창조한 것입니다. 그저 전화기를 흔들기만 하면 웹 브라우저에 하얀 눈송이가 내립니다(그림 3.10).

두 번째는 여기서 한 걸음 더 나아가 360도 모든 방향에서 움직임을 감지하는 아이폰4S의 자이로스코프gyroscope를 사용하는데, 손에 든 전화기를 움직이며 촬영하여 쉽게 파노라마로 찍을 수 있습니다(그림 3.11).

터치 기능

인터페이스 디자이너들은 언제나 직접 조작direct manipulation을 절대

그림 3.11 어느 방향으로든 모바일 디바이스를 움직여서 360도 이미지를 찍을 수 있습니다 (http://bkaprt.com/mf/38).

적으로 지지해왔습니다. 그냥 손을 가져가서 터치하면 되는데 굳이 왜 마우스와 키보드를 사용하느냐는 얘기입니다. 모바일 디바이스의 터치 기능은 우리가 손가락을 이용해 웹과 상호작용할 수 있게 했습니다. '제대로 느껴지는' 새로운 소통의 장을 활짝 열어젖힌 장본인입니다.

다음 장에서는 터치가 가능한 모바일 디바이스에서 사람들이 여러분의 웹사이트를 사용할 수 있도록 하는 방법에 대해 다룰 것입니다. 지금은 단지 터치가 혁신에 적합한 기능임을 강조하고자 합니다. 우리는 터치라는 움직임을 어떻게 사용해서 웹 정보에 접근하거나 관리하고, 또는 새로운 것을 만들어낼 수 있는지를 막 탐험하기 시작했습니다. '풀다운해서 새로 고침^{pull down to refresh}'이라든가 '스와이프^{swipe}해서 더 많은 옵션 보기'와 같은 간단한 움직임부터 새로운 상호작용의 터치 기능은 조금씩 우리의 기대를 높여주고 있습니다.

한편 터치 기능은 간단한 상호작용을 넘어서서 어떤 때는 애플리케이션의 전반적인 사용 방식을 만들어내기도 합니다. 야후!가 만든 모바일용 네이티브 애플리케이션인 스케치어서치Sketch a Search를 생각해보세요. 만약 근처의 레스토랑을 알아보려면 손가락으로 지도 위에 동그라미를 그리거나 선을 긋기만 하면 됩니다(그림 3.12).

그러면 방금 그린 모양을 따라 검색 결과가 나옵니다. 위치와 검색 단어를 입력해야 하는 기존 데스크톱의 웹 접근web approach 방식과 비교해볼 때 손가락으로 검색하는 이 방식은 쉽고도 재미있습니다.

기능 확장

이렇게 모바일 우선주의 전략을 가지고 디자인을 개발하면 새롭고 신나는 웹 기능을 사용할 수 있습니다. 사람들의 니즈를 충족시키는 혁신적인 방식을 만들어낼 수 있는 것이죠. 오늘날 많은 모바일 웹 브라우저에서는 위치 탐지라든가 디바이스 방향, 터치와 같은 기술력을 사용할 수 있습니다. 여기에는 곧 더 많은 기능이 추가될 텐데요, 그중 몇 가지를 소개하겠습니다.

- 방향 탐지 : 전자 나침반 이용
- 자이로스코프 : 360도 움직임 감지
- 오디오 : 마이크로 입력, 스피커로 출력
- 비디오와 이미지 : 캡처하거나 카메라로 입력
- 듀얼 카메라 : 디바이스의 앞뒤에 장착
- 디바이스 연결 : 블루투스Bluetooth 이용
- 근접성proximity : 물리적 대상에 대해 디바이스가 갖는 근접성
- 앰비언트 라이트ambient light : 밝은/어두운 환경 인식
- NFC : RFID 리더기를 통한 근거리 무선 통신Near Field Communications

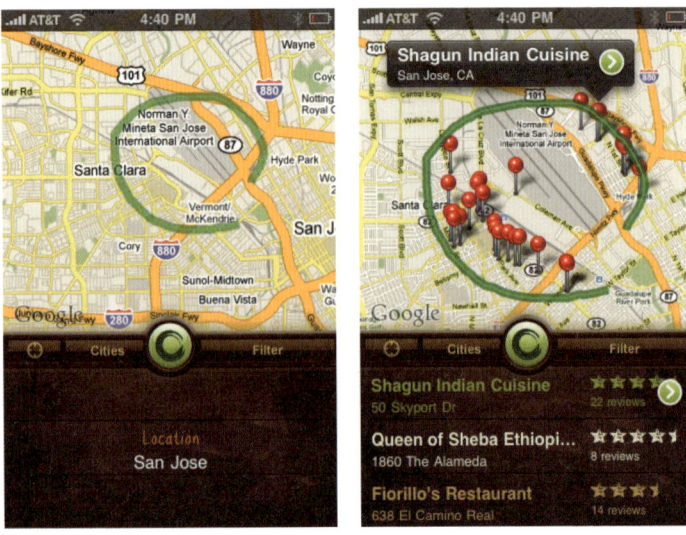

그림 3.12 야후!의 스케치어서치 애플리케이션은 지도에 동그라미나 선을 그려 검색할 수 있게 합니다.

모바일 우선주의 전략으로 시작한다면 여러분은 이 모든 기능을 실현하게 될 것이며, 여러분의 웹사이트를 비롯한 모든 것이 사람들과 어떻게 상호작용하는지에 관해 다시 생각하게 될 것입니다. 지금은 네이티브 모바일 앱 전용인 기능을 모바일 웹 브라우저에서도 쓸 수 있을 가능성이 지속적으로 커지고 있기 때문에 이러한 기회는 증가할 수밖에 없습니다.

모바일 우선주의 전략으로 시작하기

우리는 이 장에서 모바일 우선주의로 웹 경험을 디자인하고 개발하는 이유에 대해 논의했습니다. 모바일 우선주의 전략으로 여러분이 할 수 있는 일은 다음과 같습니다.

- 오늘날 모바일 업계의 폭발적인 성장과 그로 인해 새롭게 만들어지는 기회를 잡기 위해 자신을 준비시킵니다.
- 모바일 디자인에 내재한 제약 사항을 포용해 여러분이 만든 제품에 집중하고 우선순위를 매길 수 있도록 합니다.
- 모바일 디바이스 고유의 새로운 기능을 기반으로 작업하여 혁신적인 경험을 제공하도록 합니다.

모바일 웹 경험이 성장을 위한 좋은 기회가 될 뿐 아니라 고객의 니즈를 충족시키는 새로운 방법을 제공한다는 것에 확신을 하고 있다면 이렇게 생각할 것입니다. "좋아, 그런데 어떻게 시작하지?"

질문 감사합니다. 대답은 다음 장에서 하도록 하겠습니다.

Part 2

모바일, 어떻게 시작할 것인가?

많은 사람에게 모바일이 흥미롭고 새로운 기회라는 것은 명백한 사실입니다. 하지만 여러분이 데스크톱 웹디자인만 해왔다면 모바일 웹 경험 디자인으로 어떻게 전환하시겠습니까? 지금 가지고 있는 도구와 경험, 기술은 여전히 쓸 수 있겠지만, 모바일 디바이스의 구성이라든가 작동 방식, 입력 장치와 레이아웃에 대해서는 이제 조금 다르게 생각해야 할 것입니다.

이어지는 장에서는 웹디자인의 기본 개념을 소개하는 절차는 생략하고 모바일을 위한 디자인이 어떤 점에서 왜 다른지에 대해서만 집중적으로 살펴볼 것입니다. 그러면 이미 알고 있는 것을 기반으로 모바일 디자인을 바로 시작할 수 있으니까요.

4 구성

모바일에서의 콘텐츠와 액션 구성organization에 대해 논할 때 탄탄한 정보 설계[1] 원칙은 언제나 중요합니다. 명확한 레이블링labeling [2], 균형 잡힌 넓이breadth와 깊이depth, 적절한 멘탈 모델[3]과 같은 것들이죠. 하지만 모바일 웹 경험의 구성에는 다음과 같은 사항도 필요합니다.

- 사람들이 모바일 디바이스를 사용하는 방식과 이유에 맞춰 조정할 것

---

1 정보 설계(information architecture) : 웹사이트 정보의 성격과 구성, 흐름을 분석해 각 메뉴의 구성 방식과 노출 방법, 개발 방법 등을 정의하는 일
2 레이블링(labeling) : 웹사이트에 접속한 유저가 정보를 더욱 쉽게 찾을 수 있는 장치로 웹 인터페이스의 구성요소. 웹사이트에서는 메뉴가 레이블링 디자인의 대표적인 예라고 할 수 있다.
3 멘탈 모델(mental model) : 사용자가 자신의 경험을 통해 어떤 도구나 시스템에 대해 가지게 되는 기본적인 이해. 인지 모형, 정신 모형이라고도 한다.

- 내비게이션보다는 콘텐츠를 강조할 것
- 탐색·피봇pivot [4]을 위한 관련 옵션을 제공할 것
- 명확성과 목적을 유지할 것

모바일 사용 행태에 맞추기

앞 장에서 우리는 모바일을 위한 디자인을 특별하게 만드는 제약 사항과 기능에 대해 이야기했습니다. 마찬가지로 데스크톱 웹에도 뚜렷이 구별되는 한계와 가능성이 존재합니다. 따라서 데스크톱에서 통했다고 해서 모바일로 그대로 옮기는 것은 의미가 없습니다. 대신 모바일만의 장점과 고객의 니즈needs을 파악해 그에 맞추는 것이 좋습니다.

좀 더 깊이 들어가 다음 예를 보면 사람들이 모바일 디바이스를 사용하는 전형적인 방식과 그 이유를 명확하게 알 수 있습니다. 조시 클락Josh Clark은 자신의 저서 《탭워디Tapworthy》에서 세 가지 모바일 사용 행태를 집중해서 다루고 있는데요, 바로 마이크로태스킹micro-tasking 과 '근처에 뭐가 있을까I'm local', '나는 심심하다I'm bored' [5]입니다. 이는 구글이 모바일 사용자를 세 가지 행동 그룹으로 분류하고 있는 것과 일맥상통하는 바가 있습니다. 구글이 나눈 세 가지 분류는 '지금 급해urgent now'와 '지금 반복 중이야repetitive now', 그리고 '지금 심심해bored now'입니다. 이들 행태에 뭐라고 이름 붙이건 간에 모바일 디바이스의 사용은 일반적으로 다음과 같은 몇 가지 상호작용 유형으로 이루어져 있습니다.

---

4 피봇(pivot) : 온라인상의 방대한 자료를 탐색하고 정렬하는 기능
5 micro-tasking, I'm local, I'm bored : 조시 클락이 《탭워디Tapworthy》에서 모바일 사용자의 행동 방식을 세 가지 형태로 분류한 것으로 micro-tasking은 일정 업데이트, 메모하기, 이메일 체크 등을 하는 행위를 말하며, local은 현재 주위의 정보를 얻는 행위를 의미한다.

- 검색/발견(긴급 정보, 지역) : 나는 지금 어떤 것에 대한 대답을 얻어야 한다. 이 대답은 나의 현재 위치와 연관된 경우가 많다.
- 탐색/놀이(심심해, 지역) : 나는 지금 여유 시간이 좀 있고, 이 한가한 시간에 머리를 좀 식히고 싶다.
- 접속/상태(반복/마이크로태스킹) : 나는 항상 중요한 무언가를 업데이트하고 수정한다. 중요한 정보들이 계속해서 바뀌거나 업데이트되기 때문에 이를 수시로 잘 파악하고 싶다.
- 편집/작성(긴급 변경/마이크로태스킹) : 나는 어떤 일을 지금 완수해야 하고, 시간이 없다.

이러한 사용 행태가 사람들이 모바일 디바이스를 꺼내서 사용하는 이유와 직접 연관되어 있으므로 결국 이것이 사람들의 니즈를 충족시키기 위해 모바일 경험을 어떻게 구성, 조직할지를 결정합니다. 예를 들어 사진 공유 사이트 플리커의 모바일 웹 경험에는 네 가지 주된 작업이 있습니다. '최근 활동Recent activity'과 '연락처에 업로드하기Uploads from your contacts' 기능은 사람들이 로그인해서 친구의 근황과 사진을 둘러볼 수 있게 합니다. '오늘의 재밋거리Today's interestingness'와 '내 주변 사진Photos taken nearby' 코너는 사람들이 근사한 사진을 보면서 시간을 보낼 수 있게 합니다. (그림 4.1).

프로젝트 관리 사이트인 베이스캠프Basecamp의 모바일 웹 경험도 이와 마찬가지로 로그인, 편집 및 새로운 메시지 작성, 투두리스트To-do lists에 집중하고 있습니다. 사람들이 플리커와 베이스캠프를 이용하는 이유는 서로 다르지만, 두 사이트 모두 자신의 사이트가 모바일에서 어떻게 사용될지를 생각했고, 그에 맞추어 사이트의 구성을 조정했습니다.

모바일 사용 행태에 부합하려고 노력하다 보면 어느새 여러분의 웹사이트는 자연스럽게 실제 필요에 맞게 조정됩니다. 모바일 경험

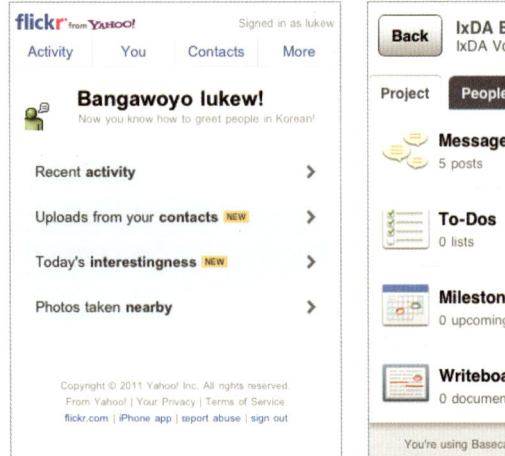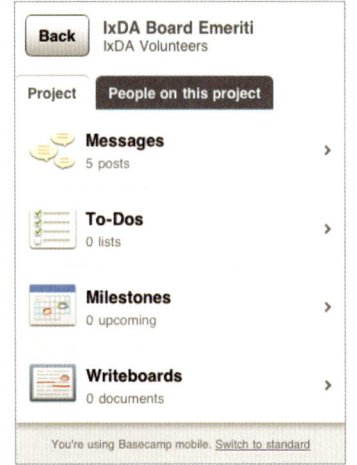

그림 4.1 플리커와 베이스캠프의 모바일 웹 경험은 사람들이 모바일 디바이스를 꺼내 드는 이유와 연관되어 있습니다.

은 언제 어디서나 이루어질 수 있기 때문에 사람들이 어디에 있든지 간에 어떻게 하면 여러분의 웹사이트가 그들에게 유용할지를 잘 생각해야 합니다. 이것은 사람들이 실제로 하고 싶어 하는 것, 즉 현실 세계에서의 니즈가 사이트 구성 방식을 결정하는 근간이 된다는 것을 의미합니다.

이에 대한 아주 좋은 예를 최근에 실제로 발견할 수 있었는데, 데이브 올슨Dave Olsen은 xkcd[6] 웹툰에 대해 이렇게 반응하더군요 (http://bkaprt.com/mf/39) (**그림 4.2**).

… 벤 다이어그램의 오른쪽을 보았을 때 나는 이렇게 생각했다. "저건 우리

---

6 xkcd : 웹툰 작가 랜달 먼로(Randall Munroe)의 홈페이지(www.xkcd.com)

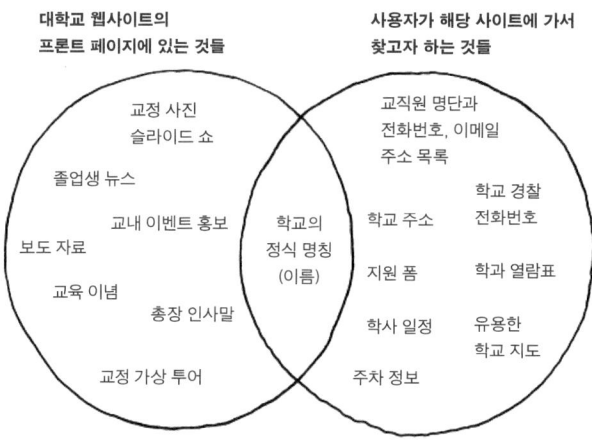

그림 4.2 사용자가 대학교 웹사이트에서 얻고자 하는 정보와 그들이 실제 발견하게 되는 것을 패러디한 xkcd 삽화(http://bkaprt.com/mf/40)

의 모바일 사이트의 현재와 앞으로 계획하고 있는 콘텐츠와 굉장히 유사해 보이는군." … 불필요한 잡소리를 걷어낸 것은 모바일 디바이스의 작은 크기와 네트워크의 한계라는 제약 사항에 적응하기 위한 것이었는데, 이는 훨씬 더 유용한 사용자 경험을 만들어내는 데 도움이 되었다.

저도 이보다 더 잘 표현할 수는 없을 것 같습니다.

내비게이션보다 콘텐츠

모바일에서 콘텐츠가 내비게이션보다 우선한다는 것은 일반적인 원칙입니다. 사람들이 주식이나 뉴스, 경기 스코어와 같이 자주 업데이트되는 데이터를 확인할 때, 지역 정보를 알아볼 때 혹은 검색 도구나 대화 도구를 사용해서 기사를 찾으려고 할 때도 그들이

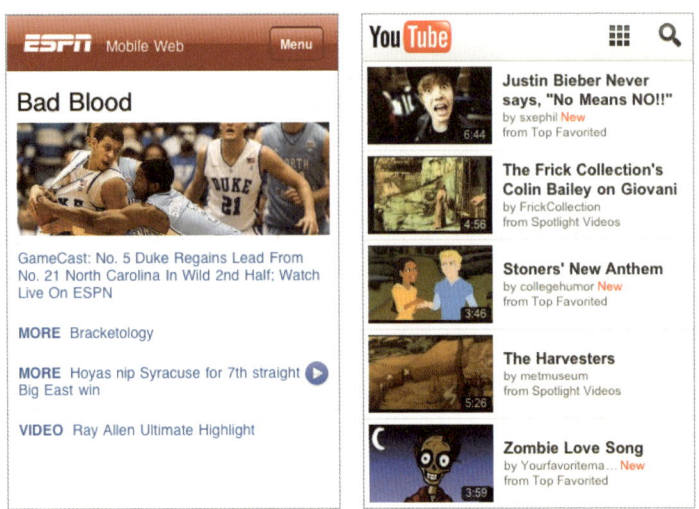

그림 4.3 ESPN과 유튜브의 모바일 웹 경험은 내비게이션보다 콘텐츠에 집중하고 있습니다.

원하는 것은 사이트맵이 아닙니다. 자신의 니즈에 대한 즉각적인 답입니다.

우리가 방금 살펴본 플리커나 베이스캠프의 사례처럼 콘텐츠 대신 내비게이션 옵션 목록으로 소통을 차단하는 모바일 웹 경험은 너무 많습니다. 모바일에서 시간은 소중한 것이며 다운로드는 돈이 들 수도 있기 때문에 사용자가 얻고자 하는 것을 파악해 최대한 빨리 결과를 가져다주어야 합니다.

ESPN과 유튜브YouTube의 모바일 웹 경험은 바로 이것을 실천하고 있습니다. 심플한 헤더 디자인으로 어느 사이트에 들어와 있는지 알려주고, 내비게이션 옵션은 버튼 하나로 처리해서 한쪽 구석에 밀어놓았습니다. 페이지의 나머지 부분에는 실시간 경기 상황 콘텐츠(ESPN)나 인기 많은 심심풀이 비디오(유튜브)를 배치했습니다 (그림 4.3).

피봇과 탐색

그런데 잠깐, 만약 내비게이션보다 콘텐츠가 항상 먼저 보인다면 모바일 웹 경험을 어떻게 할 수 있을까요? 사이트를 돌아다니면서 뭐가 되는지 발견할 수 있게 하는 방법도 필요하지 않을까요? 물론 필요합니다. 하지만 사용자가 관련 콘텐츠를 탐색하고 피봇할 수 있도록 하는 것과 수많은 내비게이션 바bar로 콘텐츠를 가리는 것은 별개의 문제이죠.

예를 들어 페이스북이 자주 확인하는 관련 콘텐츠를 모바일 웹 경험에서 맨 앞 가운데에 배치한 것은 아주 좋습니다. 하지만 페이지 상단에 있는 세 줄의 내비게이션 바 때문에 화면상에서 확인할 수 있는 업데이트는 하나뿐입니다. 구글의 금융 모바일 웹 경험 또한 실시간으로 금융 관련 콘텐츠를 보여주지만, 문제는 다섯 줄의 내비게이션 바 아래에 끼어 있다는 것입니다. 소중한 화면 공간을 유용한 콘텐츠 대신 사람들이 별로 쓰지 않을 것 같은 내비게이션 옵션으로 너무 많이 쓴거죠. (그림 4.4).

페이스북은 최근 모바일 웹 경험을 다시 디자인해서 실제로 내비게이션 옵션의 수를 줄였습니다(그림 4.5). '뉴스 피드News Feed'의 'Top News'와 'Most Recent' 필터를 빼고 세어보면 내비게이션 옵션의 수를 반으로(10개에서 5개) 줄인 것입니다. 꽤 좋은 시작입니다.

앞에서 본 대로 ESPN과 유튜브는 둘 다 내비게이션보다 콘텐츠를 강조하고 있습니다(그림 4.3). 하지만 내비게이션을 통해 사이트의 나머지 부분을 피봇·탐색하는 방식은 서로 다릅니다. 유튜브는 사이트 전반을 둘러볼 수 있도록 전체 화면 모드로 바뀌는 단축키를 제공합니다(그림 4.6). 이런 방식은 사용자가 석극석으로 내비게이션 옵션을 찾도록 하고, 사용자의 결정에 따라 콘텍스트context에서 (독

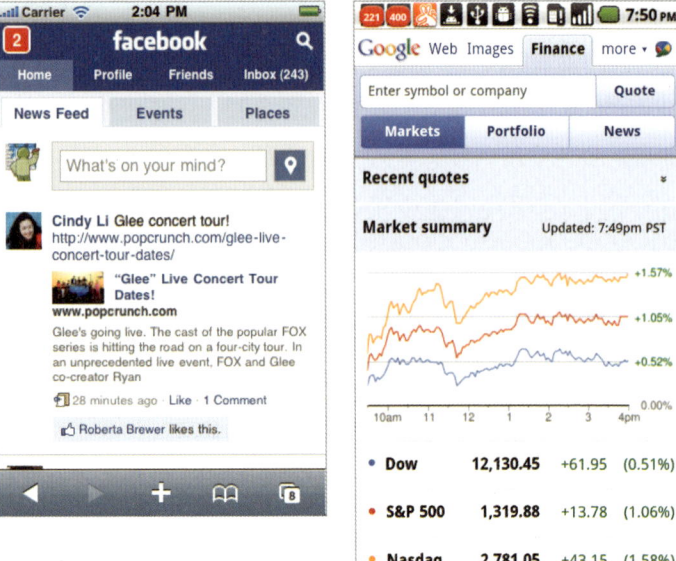

그림 4.4 페이스북과 구글 금융 사이트의 모바일 웹 경험은 소중한 공간을 수많은 내비게이션 옵션으로 채워버렸습니다.

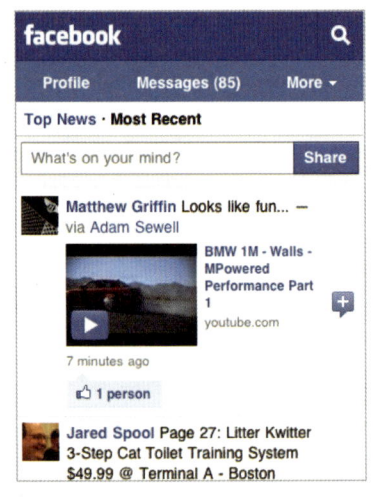

그림 4.5 페이스북의 최근 바뀐 디자인을 보면 모바일 웹 경험의 내비게이션 옵션의 수를 줄였다는 것을 알 수 있습니다.

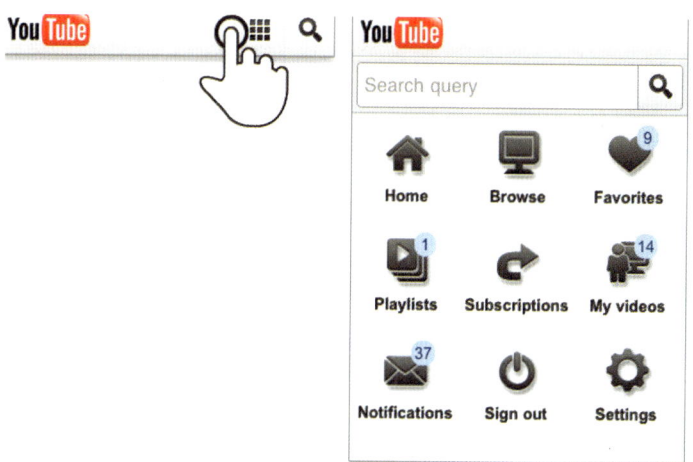

그림 4.6 유튜브의 모바일 웹 경험은 헤더에서
내비게이션 옵션을 위한 풀페이지full page로 갈 수 있습니다.

립된 페이지로) 빠져나오게 합니다. 이때 사용자는 유튜브 헤더의 격자무늬 아이콘을 누르면 '내비게이션 메뉴로 이동'이라는 것을 알고 있어야 합니다.

 ESPN은 더욱 명확하게 헤더 부분에 '메뉴'라는 이름의 버튼을 달아놓았습니다. 이것을 누르면 바로 아래에 광범위하고 여러 개의 단계로 된 내비게이션 목록이 펼쳐집니다(그림 4.7). 이 방법은 사용자가 현재 페이지에 머무르면서 다음에 어디로 돌아갈지 생각할 수 있게 합니다. 별도의 페이지로 이동하여 다시 로딩할 필요가 없습니다. 또한 ESPN은 대부분의 페이지 하단 메뉴에 내비게이션 옵션을 반복해서 달아놓았습니다.

 스크린 하단에 있는 컨트롤은 한 손으로도 조작하기 쉽습니다. 또한 사람들이 화면 끝에 도달했을 때 다음에 무엇을 할 것인지에 대한 아이디어와 선택권을 줍니다. 그런데 유튜브의 디자인에는 페이지 끝에 이런 탐색 가능한 기능이 없기 때문에 더 이상 갈 데가 없

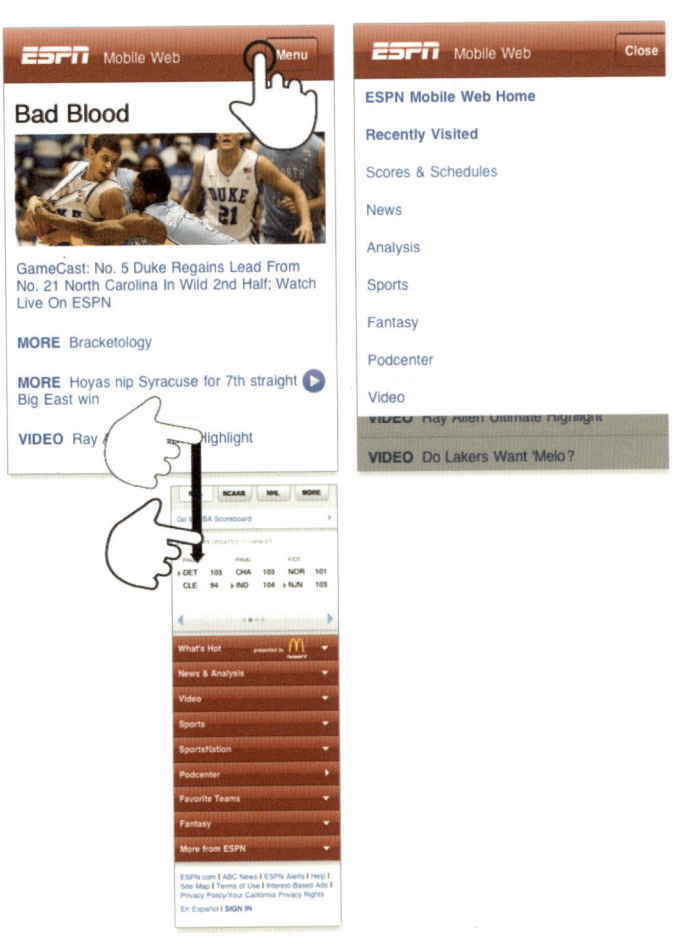

그림 4.7 ESPN의 모바일 웹 경험은 모든 페이지의 헤더와 하단에 내비게이션 옵션을 포함하고 있습니다.

는 거죠(그림 4.8).

사용자가 더 둘러볼 수 있도록 하는 데는 하단에 있는 메뉴가 확실히 유용하겠지만, 다른 곳에서도 찾을 수 있는 메뉴를 반복 사용해서는 안됩니다. 대신에 상단 메뉴 버튼을 모바일 웹페이지 하단

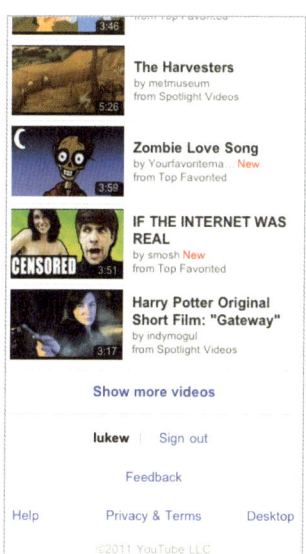

그림 4.8 유튜브 모바일 웹 경험의 마지막 페이지에서 선택할 수 있는 옵션은 그야말로 막다른 길이라 할 수 있습니다. 로그 아웃을 하라는 건가? 피드백을 보내라는라는 건가?

에 있는 (콘텐츠 다음에 나오는) 내비게이션 목록으로 바로 링크시킬 수 있습니다. 최근 저는 백체크[7] 사이트의 모바일 웹 경험에서 이 방법을 사용했습니다(그림 4.9).

사이트의 헤더에 있는 앵커링크^{anchor link}를 누르기만 하면 페이지 하단의 내비게이션 옵션으로 이동합니다. 콘텐츠 페이지의 하단에 이 리스트를 두면 사용자가 사이트의 다른 부분을 피봇·탐색하는 것이 용이해집니다. 특히 콘텐츠 페이지로 바로 넘어왔거나 사이트에서 어떤 것을 더 제공하는지 잘 모를 때는 더욱 용이합니다.

백체크 페이지의 하단에 있는 메뉴에는 'Top' 링크가 있는데, 이 링크를 클릭하면 자신이 보고 있던 콘텐츠 페이지의 시작 부분으로

---

7 백체크(Bagcheck) : 사용자들이 관심 아이템을 공유할 수 있는 플랫폼 제공 서비스. 공식 서비스를 시작한 지 9개월 만에 트위터에 인수되었다. 두 명의 공동 설립자 중 한 명이 바로 저자 루크 로블르스키다.

그림 4.9 백체크 헤더에 있는 앵커링크를 누르면 페이지 하단에 있는 사이트 내비게이션 메뉴로 이동합니다.

되돌아갑니다. 이 디자인은 상단에 링크 하나인 최소한의 내비게이션 요소를 사용했지만, 사용자가 콘텐츠 마지막에 다다랐을 때 다른 곳으로 피봇하여 탐색할 수 있는 기회를 제공합니다. 메뉴를 중복해서 넣지 않아도 되고, 가장 좋은 점은 앵커링크 하나만 있으면 작동합니다. 그렇습니다. 화려한 자바스크립트나 오버레이overlay [8] 혹은 별도의 내비게이션 페이지는 없습니다. 페이지 하단으로 이어지는 앵커링크 하나면 되죠. 마치 HTML0와 같습니다(IE를 제외한 대부분의 브라우저에서 작동하는 것으로 알고 있습니다).

8 오버레이 : 화면 위에 다른 화면을 겹치는 것

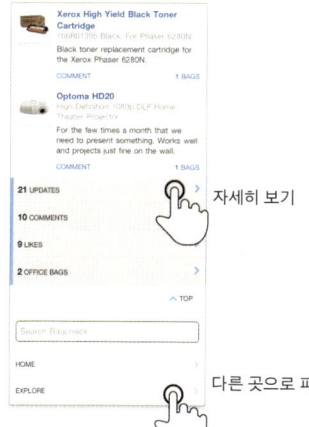

그림 4.10 백체크의 모바일 웹의 콘텍스츄얼 내비게이션 메뉴는 사람들이 관련 콘텐츠로 이동할 수 있도록 합니다.

자세히 보기

다른 곳으로 피봇하기

또한 백체크의 콘텐츠 페이지에는 독특한 관련 내비게이션 목록이 있는데, 이는 더 깊은 탐색을 위해 만들어진 것입니다(그림 4.10). 이 내비게이션 옵션을 사용하면 자신이 선택한 한 가지 주제에 관해 더 많은 정보를 볼 수 있습니다. 또는 하단의 글로벌 내비게이션 global navigation 옵션을 사용하여 사이트의 다른 부분으로 피봇·탐색할 수도 있습니다.

콘텍스츄얼 내비게이션contextual navigation [9] 옵션은 과제를 수행하는 데에도 유용합니다. 지메일의 모바일 웹 경험(그림 4.11)에는 화면 맨 위에 여러 기능을 모아놓은 콘텍스트 메뉴contextual menu가 있습니다. 이 기능은 지금 보고 있는 이메일 메시지와 직접적으로 관련되어 있기 때문에 웹 페이지 하단에 위치시키는 것은 효율적이지 못할 것

---

[9] 콘텍스츄얼 내비게이션(contextual navigation) : 쉽게 생각하면 웹사이트의 다른 섹션으로 가는 수단. 일반적으로 웹사이트의 본문에 많이 사용되며 사용자가 현재 보고 있는 웹사이트 섹션에 포함되지 않은 관련 콘텐츠의 링크를 제공해준다. (출처: U1 Group, http://www.u1group.com/blog/article/3-types-of-navigation)

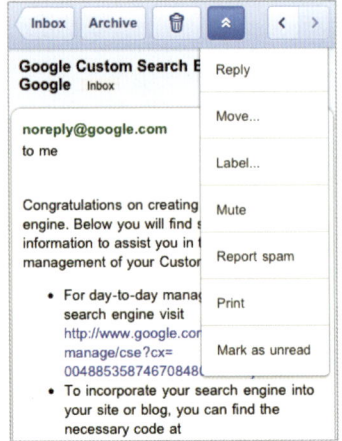 

그림 4.11 지메일의 모바일 웹에 있는 콘텍스트 메뉴는 사람들이 이메일 작업을 신속히 할 수 있도록 합니다.

입니다. 따라서 언제나 맨 위에 노출하여 즉각적으로 접근할 수 있도록 하는 것이 좋습니다.

뒤로 가기

디자인 솔루션이 디지털 경계선을 넘나드는 것을 살펴보는 것은 언제나 흥미롭습니다. 예를 들어, 아이폰용 네이티브 애플리케이션 중 많은 수가 내비게이션 헤더에 '뒤로 가기Back'라는 링크를 눈에 잘 띄도록 배치해두고 있습니다(그림 4.12). 애플의 모바일 디바이스 자체에는 '뒤로 가기' 버튼이 없고, 네이티브 앱을 위한 시스템 크롬chrome [10] 또한 드러나 있지 않습니다.

10 크롬 : 구글의 '크롬' 브라우저를 말하는 것이 아니다. 브라우저나 앱에서 콘텐츠를 제외한 내비게이션 요소를 일컫는 것이다. 예를 들어 브라우저 상단의 설정바, URL 표시창 등이 여기에 속한다.

그림 4.12 아이폰용 네이티브 애플리케이션에서 '뒤로' 버튼은 흔히 볼 수 있는 기능입니다.

그림 4.13 안드로이드 디바이스의 '뒤로' 버튼은 디바이스 자체의 하드웨어 버튼으로 들어가 있습니다.

그림 4.14 애플의 모바일 웹 브라우저의 하단 툴바에는 '뒤로' 버튼이 항상 있습니다.

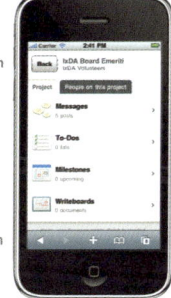

하지만 모바일 웹 경험에는 헤더에 '뒤로 가기' 버튼을 두는 것은 불필요합니다. 안드로이드, 블랙베리, 윈도우폰7 등의 많은 디바이스에는 그 자체에 '뒤로 가기' 버튼이 있습니다(그림 4.13). 애플의 모바일 웹 브라우저에도 애플리케이션 툴바에 '뒤로 가기' 기능이 있습니다(그림 4.14). 헤더에 '뒤로 가기' 버튼을 하나 더 추가하는 것은 그저 혼란스로울 뿐입니다. 사이트를 사용하는 누군가는 분명 이렇게 물을 것입니다. "이 '뒤로 가기' 버튼들은 둘 다 같은 역할을 하는 건가?"

따라서 모바일 웹 경험을 디자인할 때 '뒤로 가기' 기능을 만들지 않아도 됩니다. 사용자에게 '상위' 단계로 갈 수 있는 빠른 길을 제공하고자 한다면 전 단계로 이동하는 '뒤로 가기' 기능보다는 다른 이름을 고려해보세요.

하단 고정 메뉴

네이티브 아이폰 애플리케이션 얘기가 나와서 말이지만, 그중 많은 수가 화면 하단에 고정된 내비게이션 바를 사용하고 있습니다. 여기에 놓여있는 메뉴들은 엄지손가락으로 핵심 기능에 쉽게 접근할 수 있게 하죠. 하지만 모바일 웹 경험과는 달리 네이티브 iOS 애플리케이션에는 화면을 차지하는 웹 브라우저 컨트롤이 없습니다. 야후! 메일의 모바일 웹은 브라우저의 크롬이 모바일 웹 페이지에 미칠 수 있는 영향을 잘 보여주고 있습니다. 야후! 메일의 모바일 웹은 두 개의 브라우저 메뉴와 두 개의 고정 메뉴가 있습니다. 이 때문에 받은 편지함의 메일을 확인할 수 있는 공간이 사실상 거의 없습니다(그림 4.15).

하지만 모바일 웹 경험을 디자인할 때는 iOS 웹 브라우저뿐만 아니라 다른 많은 웹 브라우저 역시 고려해야 합니다. 화면 아래에 피지컬 컨트롤[11]이 있는 디바이스 또한 화면 아래에 고정된 메뉴가 있는 것이므로 우리에게는 상당히 힘겨운 과제를 던져줍니다(그림 4.16). 피지컬 컨트롤과 애플리케이션의 메뉴 바가 이렇게 가까이 있다는 것은 사람들이 메뉴를 누르려다 피지컬 버튼을 누르는 등 오

---

11 피지컬 컨트롤(physical control) : 디바이스 자체에 장착되어 있는 조작 기능을 가진 장치

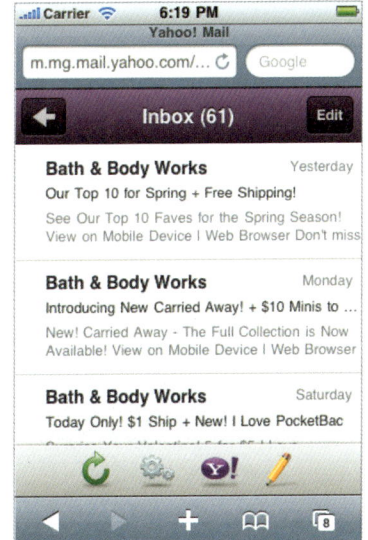

그림 4.15 야후! 메일의 모바일 웹은 브라우저 윈도우 하단에 고정된 내비게이션 메뉴를 사용합니다.

류가 발생할 가능성이 크다는 것을 의미합니다.

 네이티브 모바일 앱을 개발할 때는 이렇게 화면 아래에 있는 피지컬 버튼을 고려해 메뉴의 위치를 조정할 수 있습니다. 하지만 모바일 웹 경험은 여러 플랫폼에서 모두 제대로 동작할 수 있어야 합니다. 화면 아래에 피지컬 버튼이 있건 없건 말이죠.

 그래서 화면 하단에 고정된 내비게이션 메뉴는 네이티브 모바일 앱 일부에 있어서는 좋은 생각일 수 있겠지만, 웹 브라우저 메뉴와 모바일 디바이스 화면 아래의 피지컬 컨트롤이 공존하는 디바이스에서는 그렇지 않은 경우도 종종 있습니다. 따라서 모바일 웹 경험에서 고정된 메뉴가 필요하다면 상단에 고정하는 것이 낫습니다. 디자인을 개편한 트위터의 모바일 웹 경험처럼요(**그림 4.17**).

그림 4.16 많은 디바이스가 화면 아래에 피지컬 컨트롤을 가지고 있습니다.

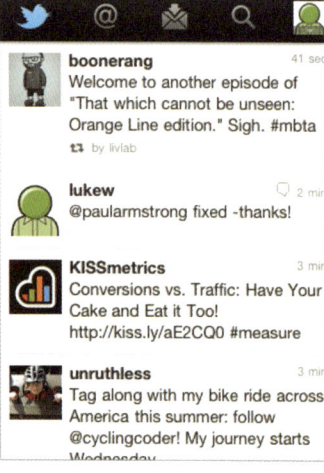

그림 4.17 트위터의 최신 모바일 웹은 상단에 핵심 기능을 가진 내비게이션 메뉴를 사용하고 있는데, 이는 모바일 웹 디바이스 간의 차이점을 고려한 것입니다.

명확성과 목적 유지하기

이 책의 앞에서 언급한 대로 모바일 디바이스를 사용하는 사람들은 종종 '한쪽 눈과 한쪽 엄지로 이루어진 생명체'가 됩니다. 그들의 대부분은 책상에 편안하게 앉아서 여러분이 만든 사이트를 집중해서 볼 수 있는 상태가 아닙니다. 그보다는 주의를 산만하게 만드는 요소가 아주 많은 현실 세계에 있을 가능성이 크죠. 이런 상황에서 사용자가 우리에게 완전히 집중하기는 아주 어렵기 때문에 명확하고 목적이 분명한 디자인이 필요합니다. 수많은 내비게이션 옵션이 길을 막고 있어서는 안 되겠죠.

모바일 디바이스에서의 야후! 메일의 이메일 작성 화면은 부가적인 기능을 없애서 사용자가 자신의 주요 과제(이 경우에는 이메일 작성이 되겠죠)에 집중할 수 있도록 한 좋은 예입니다. 여기에는 내비게이션 기능이 단 하나밖에 없습니다. '취소'뿐이죠(그림 4.18). 나머지 인터페이스는 칼로 자른 듯 깔끔하게 처리하여 하고자 하는 과제에 집중되어 있습니다.

반면 ESPN의 NBA 실시간 경기 결과 업데이트는 너무 많은 내비게이션 옵션으로 뒤덮여 있어 현재 게임 상황에 대한 정보조차 화면에서 밀려나버렸습니다. 사용자는 현재의 게임 상황이 알고 싶을 뿐이지, 메뉴 옵션들 사이를 헤매고 싶은 것이 아닌데 말이죠.

모바일 디바이스의 화면에서 내비게이션 옵션의 수를 최소화하면 오류를 방지하는 데도 도움이 됩니다. 선택해야 하는 내비게이션 옵션이 적을수록 사용자가 당장 확인하려는 대상이 아닌 것을 실수로 누를 가능성이 줄어드니까요.

모바일을 위한 구성

모바일 웹 경험을 구성할 때는 모바일 사용 행태를 고객의 니즈와 어떻게 부합시킬 것인가를 잘 생각해보세요.

- 검색/발견, 탐색/재생, 접속/상태, 편집/작성과 같은 모바일 사용 사례를 통하여 여러분의 사이트가 모바일에서 어떻게 사용될지를 심사숙고하고, 그에 맞게 구조를 적절히 조정해야 합니다.

 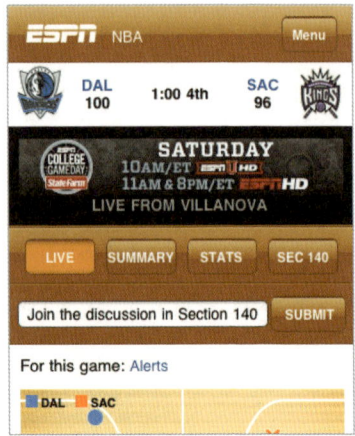

그림 4.18 야후! 메일의 작성 화면(왼쪽)과 ESPN의 라이브 게임 화면(오른쪽)의 내비게이션 옵션 수를 비교해보세요.

- 콘텐츠를 제일 먼저, 그다음에 내비게이션에 집중하면 사람들이 원하는 정보와 과제를 빠르게 제공할 수 있습니다.
- 적절하게 잘 배치된 관련성이 높은 내비게이션 옵션은 사람들이 사이트의 깊숙한 부분까지 살펴보게 하거나 피봇·탐색하게 만듭니다.
- 중요한 작업에 있어 내비게이션 옵션과 부가 기능을 줄이면 명확성과 목적성을 유지할 수 있습니다. 이는 사용자가 급할 때나 집중할 수 없는 상황에 있을 때도 도움이 됩니다.
- 여유롭게 소파에 누워 모바일 디바이스를 가지고 놀 때조차도 사람들은 여러분의 간결한 디자인에 찬사를 보낼 것입니다.

이렇듯 체계화된 모바일 웹 경험은 사람들로 하여금 어디든 찾아갈 수 있게 해주겠지만, 일단 원하는 정보를 찾으면 사람들은 바로 그에 따라 행동을 취하게 됩니다. 자, 그럼 이제 사용자들이 어떻게 행동하는지 살펴봅시다.

5 액션

터치스크린은 화면이 작고 손안에서 사용되는 경우에 적합하며, 키패드나 트랙볼[1] 만이 아니라 모바일 디바이스 전체를 상호작용할 수 있는 것으로 바꾸어놓았습니다. 그 결과 터치는 날이 갈수록 더 많은 모바일 디바이스에 적용되고 있습니다. 터치를 지원하는 노키아 스마트폰의 비율을 보면 이를 잘 알 수 있습니다(그림 5.1).

일부 디바이스에는 여전히 트랙패드[2], 트랙휠[3]과 키보드 같은 하드웨어 입력 제어장치가 있지만, 시간이 갈수록 터치가 모바일에서

---

1 트랙볼(trackball) : 손으로 볼을 굴려서 화면 위의 커서를 이동시키거나 아이템을 제어할 수 있는 입력 장치
2 트랙패드(trackpad) : 편판 모양의 센서를 손가락으로 조정하여 마우스 포인터를 조작하는 포인팅 장치
3 트랙휠(trackwheel) : 애플의 아이팟(iPod)처럼 손가락으로 누르고 돌리는 형태의 입력 장치

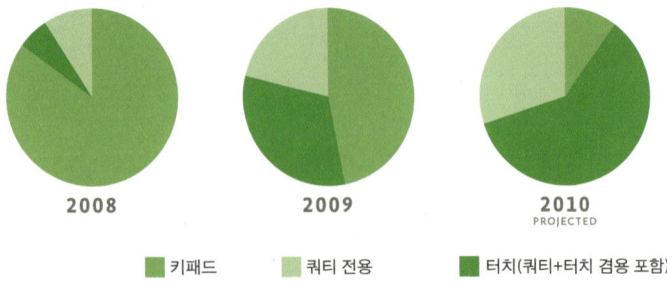

그림 5.1 노키아 스마트폰의 변모는 모바일 디바이스가 터치스크린으로 이행하는 과정을 잘 보여줍니다(출처: 노키아).

사람과 웹 사이의 상호작용을 책임지는 추세로 가고 있습니다. 그렇다면 어떻게해야 사람들이 터치를 통해 우리 사이트와 소통하게 할 수 있을까요? 제어 가능하면서도 사용자로부터 적절한 액션을 유도하는 터치 기반의 UI를 디자인하기 위해서는 다음의 내용이 필요합니다.

- 터치 대상의 크기와 위치를 적절하게 설정할 것
- 일반적인 터치 제스처를 익히고, 어떤 목적에 어떤 터치 제스처가 사용되는지 알아둘 것
- 호버[4] 기반의 상호작용을 사용할 수 없는 상황에 대처할 것
- 간접 조작 방식을 잊지 않도록 주의할 것

클수록 좋습니다

웹디자이너가 작은 모바일 디바이스의 화면 크기에 맞춰 작업 대상의 크기를 줄이는 일은 그리 낯설지 않습니다. 어쨌든 작업해

---

4 호버(hover) : 어떤 대상에 마우스 포인터를 올렸을 때 나타나는 효과

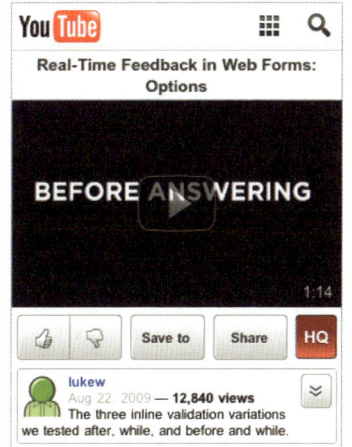

그림 5.2 유튜브에서 모바일 웹 경험의 액션은 충분히 커서 엄지손가락을 사용해도 오류가 거의 없습니다.

야 하는 공간이 줄어드는 것이니 작을수록 좋다고 느껴지시나요? 이 논리가 맞는 듯하지만 사실은 이와 정반대입니다. 작업 대상을 더 크게 만드는 것이 낫습니다. 여기서 '크게'라는 말은 평소에 편안하다고 느끼는 정도보다 더 클 수도 있습니다(그림 5.2).

사람의 손가락은 정확도가 상당히 떨어지는 포인팅 도구입니다. 마우스 포인터가 보여주는 픽셀 수준의 정확도는 기대할 수도 없죠. 사람마다 손가락의 크기도 제각각입니다. 디바이스를 다룰 때 보면 알겠지만, 미끄러지거나 주변을 헛짚는 일이 다반사입니다. 동작이 커진다는 것은 터치하는 대상이 커져야 한다는 것을 의미합니다. 사용자들이 '한쪽 눈과 한쪽 엄지' 상태일 때도 일을 처리할 수 있어야 하니까요.

이것이 얼마나 심각한 정도인고 하니, 한 연구에 따르면 모바일 앱 사용자의 절반가량이 의도하지 않은 실수로 광고를 누른다고 합니다(http://bkaprt.com/mf/41). 적절한 크기로 배치된 액션(과 그에 따른 터치 대상)은 사용자가 망설임 없이 정확하게 누르는 데 도움이 됩니다. 그렇다면 얼마나 커야 딱 좋은 걸까요?

애플은 iOS의 휴먼 인터페이스 가이드라인Human Interface Guidelines (http://bkaprt.com/mf/42)에서 터치 대상을 44x44 포인트points로 만들 것을 권장합니다. 이들은 픽셀 대신 포인트 단위를 사용하는데, 이는 화면 밀도screen density의 차이를 고려한 조치입니다. 이 부분은 나중에 더 자세히 다루기로 하죠. 다양한 화면 밀도(혹은 픽셀 밀도 PPI Pixel Per Inch)를 고려해 작업하기 위해서는 터치 대상의 크기를 실제 면적으로 재는 것이 더 낫습니다.

마이크로소프트의 윈도우폰7을 위한 가이드라인도 비슷합니다. 마이크로소프트의 가이드라인에 따르면, 터치 대상은 9mm, 최소 크기는 7mm, 터치 대상 사이의 간격은 2mm로 권장합니다. 노키아(또한 우분투Ubuntu[5]에서도)에서 나온 또 다른 터치 UI 기반의 가이드라인도 비슷한데, 이는 사람 손가락의 평균적인 크기를 고려한 결과입니다. MIT의 컴퓨터 촉각기술연구소Touch Lab는 평균적으로 봤을 때 손가락 전체를 사용하면 10~14mm, 손가락 끝을 사용하면 8~10mm가 적절하다는 결론을 내렸습니다(http://bkaprt.com/mf/43).

터치 대상의 크기에 관한 이런 권장 사항을 모두 고려한다고 해서 모바일 페이지의 모든 아이콘과 버튼이 정확히 너비 9mm와 높이 9mm가 되어야 하는 것은 아닙니다. 터치 대상 자체는 이 범위에 있어야 하지만 액션의 시각적인 표현 부분은 터치 대상 실제 크기의 50~100%면 됩니다. 마이크로소프트에서 제시한 가이드라인(그림 5.3)을 살펴봅시다. 패딩padding이나 마진margins을 이용해서 목표 대상을 꼭 맞는 크기로 만드는 것을 설명하고 있습니다. 여기에 UI의 모든 시각적 요소가 같을 필요는 없다는 것입니다.

---

5 우분투(Ubuntu) : 데비안 GNU/리눅스(Debian GNU/Linux)에 기초한 컴퓨터 운영체제로, 고유한 데스크톱 환경을 사용하는 리눅스 배포판

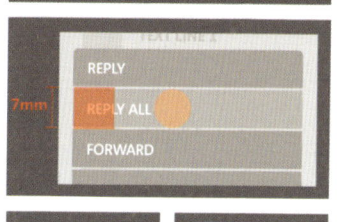
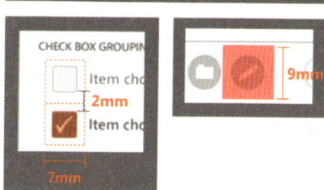

그림 5.3 마이크로소프트 윈도우폰7의 터치 대상을 위한 가이드라인

마이크로소프트의 가이드라인은 다음과 같은 경우 터치 대상이 9mm보다 더 커야 한다고 아주 구체적으로 명시하고 있습니다. "UI 요소가 빈번하게 터치될 경우, 터치 에러의 결과가 정말로 심각하다거나 끔찍할 경우, UI 요소가 화면 가장자리나 누르기 어려운 위치에 있는 경우, 혹은 다이얼 패드를 사용할 때처럼 UI 요소가 일종의 연속성을 가질 경우 (http://bkaprt.com/mf/44; PDF)."

우리가 모바일 디바이스에서 터치할 때를 생각해보면 일반적으로 클수록 좋다는 것을 알 수 있습니다. 액션을 적절한 크기와 간격으로 조절해 놓으면 '어?! 잘못 눌렀네' 정도에서 끝나지 않는 심각한 사용성 논란을 피할 수 있습니다. 지식 검색 사이트인 쿼라Quora의 모바일 로그인 화면(그림 5.4)을 자세히 살펴보세요. 숨겨진 문제점을 발견할 수 있겠습니까?

그렇습니다. 이 경우 적절치 않은 액션의 크기와 간격 때문에 로

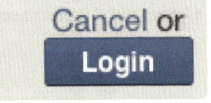

그림 5.4 쿼라의 로그인 화면에는 '취소' 버튼과 '로그인' 버튼이 너무 가까이 있어서 불안해 보입니다.

그인해서 들어오려다 취소하며 나가게 되어버릴 수 있게 됩니다. 터치 대상들 사이의 간격 2mm 때문에 생기는 그 차이는 정말 크죠.

플리커의 고급 검색 화면은 너무 가까이 붙어 있어서 편하게 누를 수 없는 또 다른 예입니다(그림 5.5). '클수록 좋다'는 명제대로 디자인한다면 각 검색 옵션의 크기와 간격 문제가 훨씬 나아질 수 있을 것입니다.

어디를 터치하나요?

앞에서 내비게이션의 배치에 대하여 논의했을 때, 디바이스 하단에서 일어나는 액션은 사람들이 모바일 디바이스를 잡고 사용하는 방식에 자연스럽게 일치한다고 언급했습니다. 그런데 그뿐만이 아

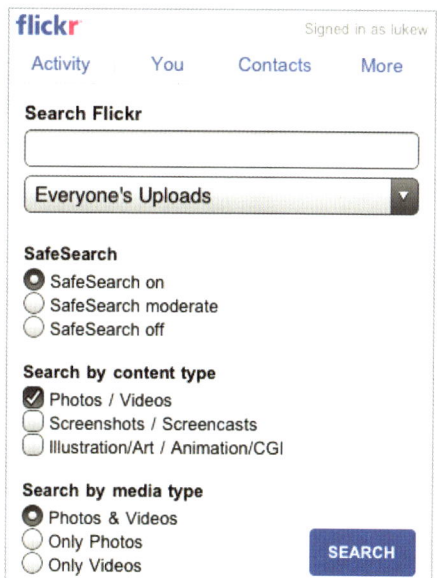

그림 5.5 플리커의 고급 검색 옵션은 너무 서로 붙어있고 너무 작아서 정확히 누르기가 어렵습니다.

닙니다. 터치스크린 모바일 디바이스에서 주요한 액션의 배치는 대개 어느 손가락(엄지 혹은 집게)을 사용해서 탭tap하는지, 그리고 오른손잡이인지 왼손잡이인가에 따라 달라집니다.

대부분의 사람들이 오른손잡이이고(약 70~90%), 한 손으로 모바일 디바이스를 조작할 때 엄지손가락을 사용하므로 액션을 오른쪽 엄지의 움직임에 최적화하는 것이 가장 일반적입니다. 다시 말하여 주요한 액션을 화면의 가운데 혹은 하단에 배치하고 왼쪽에서 오른쪽으로 배열하는 것이죠(그림 5.6).

'취소'나 '삭제'와 같이 치명적일 수 있는 액션은 편하게 손이 가는 영역 밖에 놓으면 됩니다. 오른손에 모바일 디바이스를 들고 엄지손가락으로 조작한다면 손가락을 쭉 뻗어야 왼쪽 상단 모서리에 닿습니다. 바로 이곳이 불편한 영역이며, 노력해야 닿을 수 있는 부

그림 5.6 터치스크린 폰을 오른손에 쥐고 있으면 진녹색 부분(EASY)이 탭하기 쉽습니다. 노란색 부분은 엄지를 뻗어야 닿을 수 있습니다.

분입니다. 여태 힘들게 작업한 것을 모두 지울 것인지 다시금 생각하게 하는 완벽한 위치입니다.

터치의 언어를 배우세요

모바일 웹 경험에서 터치 대상은 적절한 크기의 액션이 일어나게 하며, 터치 제스처는 사람들에게 터치 대상과 소통하는 방식을 제공합니다. 현재 개발된 다양한 모바일 플랫폼의 터치 제스처에 대한 다양한 용어와 문서가 있음에도 불구하고 사람들이 모바일 웹 경험에서 쓸 수 있는 제스처에는 상당히 일관성이 있습니다.

이 제스처들을 좀 더 상세히 알아보기 위해 댄 윌리스 Dan Willis, 크레이그 빌라모어 Craig Villamor 와 함께 다음 문서들을 꼼꼼히 살펴보았습니다.

- 애플의 iOS와 OS X
- 구글의 안드로이드
- 마이크로소프트의 윈도우폰7, 윈도우7, 서피스Surface
- 팜Palm의 WebOS
- 제스처웍스GestureWorks의 플래시Flash 지원
- 와콤Wacom의 뱀부Bamboo 터치 지원 드로잉 태블릿

다행히도 이 과정에서 우리가 발견한 것은 다양성보다 일관성이었습니다. 사실 몇몇 핵심이 되는 터치 제스처는 대부분의 터치 플랫폼에 공통적으로 적용됩니다. 우리는 그 제스처에 기초해 사람들이 터치스크린과 어떻게 상호작용할지를 예측할 수 있습니다.

탭Tap, 더블탭Double Tap, 드래그Drag, 스와이프Swipe, 핀치Pinch, 스프레드Spread, 프레스Press, 프레스&탭Press and Tap, 프레스&드래그Press and Drag, 그리고 여러 가지로 변형된 로테이트Rotate 등이 있습니다. 멀티터치 입력 방식은 지원이 워낙 들쭉날쭉하고, 일부 모바일 웹 브라우저의 시스템 액션에만 한정되어 있습니다. 이를 감안하면 모바일 웹 경험에서 주로 사용되는 제스처는 탭, 드래그, 스와이프, 이렇게 세 가지로 정리됩니다(그림 5.7).

어떤 터치 제스처가 가능한지를 아는 것도 도움이 되지만, 이보다는 사람들이 이 제스처를 써서 터치 기반의 UI와 어떻게 소통하는지 그 방식을 이해하는 것이 훨씬 더 중요합니다. 다시 말해 사용자가 어떤 대상이나 화면에 액션을 취하려고 할 때, 혹은 어떤 대상이나 화면 사이를 이동하려고 할 때, 사람들은 어떤 터치 제스처를 가장 많이 사용할까요? 우리가 실시한 초기 검증을 바탕으로 한 '터치 제스처 참조 가이드The Touch Gesture Reference Guide'에는 이 질문에 대한 답변을 비롯해 많은 정보가 포함되어 있습니다(http://bkaprt.com/mf/45)(그림 5.8).

핵심 터치 제스처

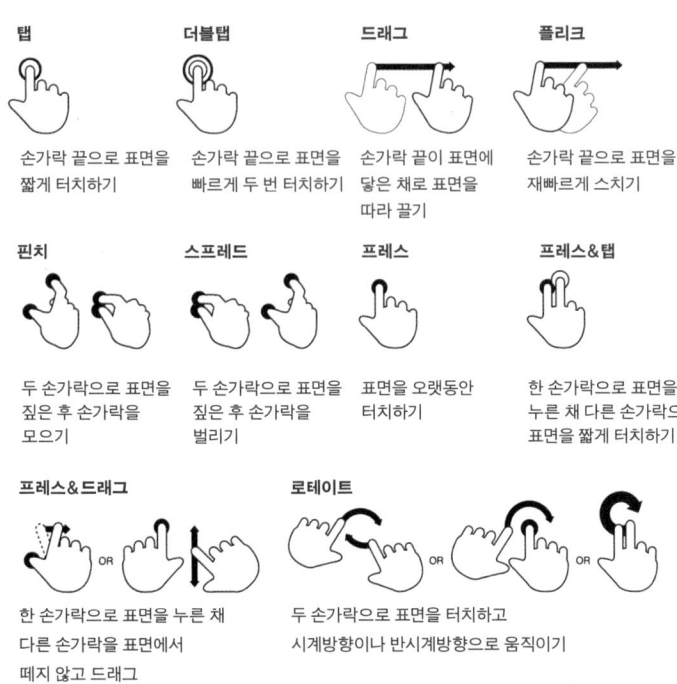

그림 5.7 핵심 터치 제스처 : 대부분의 터치 명령을 위한 기본적인 동작

그림 5.8의 예를 보면 가이드가 어떻게 구성되어 있는지 감이 잡힐 것입니다. 누군가 모드를 변경(기본 액션)하거나 대상을 삭제(대상 관련 액션), 목록을 스크롤(둘러보기 액션)하려고 합니다. 이런 액션 옆에는 가장 일반적으로 지원되는 (그리고 앞으로 더욱 늘어날 것으로 예상되는) 제스처가 정리되어 있습니다.

터치 제스처 참조 가이드는 누구나 자유롭게 이용할 수 있습니다. 모든 핵심 제스처는 PDF나 EPS를 비롯해 옴니그래플 OmniGraffle[6], 비지오 Visio[7] 파일의 템플릿을 제공하고 있습니다. 여러분의 와이어

기본 액션

사용자 액션	제스처	설명
모드 변경	 프레스	표면을 오랫동안 터치하기
선택	 탭	손가락 끝으로 표면을 짧게 터치하기

대상 관련 액션

사용자 액션	제스처	설명
삭제	 드래그 (항목을 가로지르거나 화면 밖으로)	손가락 끝이 표면에 닿은 채로 끊어지지 않게 표면을 따라 끌기
복제	 탭 (원본과 목표 지점)	대상을 터치하고 나서 표면의 다른 곳을 터치하기

둘러보기 액션

사용자 액션	제스처	설명
스크롤	 드래그	손가락 끝이 스크롤바에 닿은 채로 끊어지지 않게 표면을 따라 움직이기
(빠른) 스크롤	 플리크	손가락 끝으로 표면을 재빠르게 스치기

그림 5.8 사용자 액션과 그를 지원하는 동작 예

프레임Wireframe, 목업Mock-up[8], 프로토타입Prototype에서도 사용할 수 있으니 지금 바로 이용해보세요!

6 옴니그래플 : 다이어그램과 차트 만들기 프로세스 차트, 웹사이트 와이어프레임, 기타 다른 복잡한 관계를 쉽고 세련되게 작성할 수 있도록 도와주는 프로그램이다.
7 비지오 : 마이크로소프트 비지오(Microsoft Visio) : 복잡한 정보, 시스템, 프로세스를 시각화하고 분석 및 전달하는 데 사용하는 프로그램이다.
8 목업(Mock-up) : 원래는 모형을 만든다는 의미로, 여기서는 대략적인 화면을 설계하는 프로그램을 말한다.

그림 5.9 야후! 메일의 모바일 웹 경험에서는 터치 제스처를 사용해서 메일의 기능을 보거나 아래로 잡아당겨 검색 노출하기 등의 액션이 가능합니다. 또한 이 제스처를 위한 드러난 어포던스[9]가 없기 때문에 사전에 설명을 통해 사람들에게 안내하고 있습니다.

그림 5.10 트위터의 모바일 웹 경험은 (아래로) 잡아당겨 화면을 새로 고침할 수 있도록 합니다.

터치 UI의 보급은 이제 막 일어나고 있습니다. 이는 새로운 터치 기반의 디자인 솔루션이 계속해서 생겨날 것임을 의미합니다. 하나

9 어포던스(affordance) : 어포던스는 어떤 행동을 유도한다는 뜻으로 행동유도성이라고도 한다. 보통 사전에 없는 뜻으로, 물건(object)과 생물(organism, 주로 사람) 사이의 특정 한 관계에 따라서 제시되는 것이 가능한 사용(uses), 동작(actions), 기능(functions)의 연 계 가능성을 의미한다.

의 애플리케이션에서 아래로 잡아당겨 페이지 전체를 새로고침하는 '풀다운투리프레시pull down to refresh(편집자 주 : 풀투리프레시pull to refresh로도 불린다)'과 같은 제스처 기반의 액션이 처음에 생겨난 후 점점 더 많은 곳에 적용되고 있습니다. 시간이 흐르다 보면 여러분의 사이트를 이용하는 사람들도 이 기능을 기대할 수 있을 것입니다. 그러니 주저하지 말고 어떤 제스처가 어떻게 반응하는지 실험해보시기 바랍니다(그림 5.9, 5.10).

NUI를 두려워하지 마세요

저는 개인적으로 NUI[10]를 열렬히 환영합니다. NUI가 지닌 가능성이 우리를 새로운 컴퓨팅 시대로 안내할 것이라 믿기 때문입니다. 콘텐츠를 UI로 만들기, 시각적인 인터페이스 요소 없이도 콘텐츠와 직접 상호작용하기, 콘텐츠가 아닌 시각적인 요소는 줄이기 등과 같은 NUI의 원칙들은 우리가 디지털 정보 및 미디어와 상호작용하는 좀 더 직접적인 길을 안내합니다. 사진 한 장을 확대해서 보기 위해 윈도우와 아이콘, 메뉴, 포인터(WIMP)를 사용하던 시절은 이제 가버렸습니다. 그저 사진을 터치했다가 두 손가락을 펼치기만 하면 사진이 확대됩니다. 이와 같은 직접적인 상호작용은 배우기 쉬울 뿐 아니라(아이들과 어르신들에게 아이패드를 주면 다들 곧잘 합니다) 우리가 실생활에서 사물과 상호작용하는 방식을 더 잘 반영하고 있습니다.

한없이 좋게 들리겠지만 우리는 아직 GUI[11]와 NUI 사이의 과도

---

10 NUI(Natural User Interfaces) : 키보드나 마우스 대신 동작이나 표정, 눈동자 움직임, 음성 등 사람의 자연스러운 행동으로 컴퓨터와 소통하도록 하는 것
11 GUI(Graphical User Interfaces) : 사용자가 컴퓨터와 정보를 교환할 때 그래픽을 통해 작업할 수 있는 환경을 말한다. 마우스 등을 이용하여 화면에 있는 메뉴를 선택하여 작업할 수 있다.

기에 머물러 있습니다. 그 결과, 온전히 제스처에만 의존하는 액션을 사용하면 모든 사용자가 바로 발견하지 못할 수 있습니다. 그러니 지금으로서는 모바일 웹 경험의 주된 액션은 버튼 방식을 유지해야겠죠. 하지만 새로운 제스처를 실험하지 않을 이유는 없습니다. 사이트의 다른 부분, 그러니까 '고급 제어advanced controls'나 '단축키shortcuts' 와 같은 부분에서 새로운 제스처를 실험해볼 수 있습니다.

이 실험을 할 때 우리가 일상생활에서 평범하게 사용하는 자연스러운 제스처를 적용해보세요. 새로운 제스처를 발견하는 데 도움이 될 것입니다. 9개 국가에서 이루어진 최근 연구에 따르면, 사람들이 일반적인 과제를 해결하기 위해 시도하는 제스처가 문화에 따라 달라지는 경우는 거의 없다고 합니다(http://bkaprt.com/mf/46). 터치 제스처는 그야말로 우리 모두가 공통적으로 가지고 있는 것입니다.

마지막으로 시각적인 어포던스나 팁[12], 애니메이션을 사용하면 새로운 제스처로의 전환을 쉽게 이끌어낼 수 있습니다. 맨 처음에는 이러한 인터페이스 요소를 사용해서 제스처를 쓸 수 있는 곳을 분명하게 알려줍니다. 점차 사람들은 어떤 작업을 할때 어디에서 어떤 제스처를 써야 할지 익숙해지겠죠. 그때쯤에는 이런 인터페이스 요소들을 점차 줄여가면 됩니다. 이건 꼭 알아두세요. 작동 방법을 설명하는 도움말이 너무 많으면 제스처에 기반을 둔 앱에서의 상호작용이 생각만큼 자연스럽지 않을 수도 있습니다.

또한 제스처에 대한 명확한 기대치를 설정해야 합니다. 그림 5.11은 ESPN 모바일 웹의 NBA 경기 스코어보드입니다. 스와이프 제스처를 써서 다음으로 넘어갈 수 있을 것처럼 보이지만, 스코어보드를 실제로 움직이기 위해서는 화면 하단의 푸른색 화살표를 사용해야 합니다(그림 5.11).

12 팁(tip) : 마우스 포인트를 UI요소를 누르거나 그 위에 올렸을 때 뜨는 정보 창이나 팝업 창 등을 말함

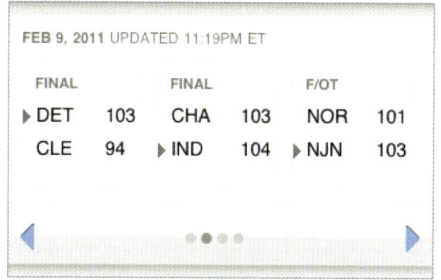

그림 5.11 ESPN의 모바일 웹 경험은 일반적으로 스와이프 제스처에 쓰이는 시각적인 어포던스를 사용하지만 이 특정 메뉴는 실제로 스와이프할 수 없습니다.

호버 다루기

우리가 지금 팁tip이라는 주제를 다루고 있는 만큼 이 말은 꼭 하는 것이 좋겠습니다. 바로 터치 기반으로만 작동하는 디바이스에서는 호버 방식의 액션이나 팁이 데스크톱 웹과 동일한 방식으로 작동할 수 없다는 것입니다. 호버는 마우스 포인터가 트리거trigger, 즉 링크로 연결된 요소 위에 놓였을 때 작동하죠. 간단히 말하면 터치 기반의 디바이스에는 인터페이스 요소 위에 놓을 포인터가 없는 것입니다. 우리에겐 손가락밖에 없으니까요. 손가락이 그림자를 드리울 때 그것을 호버라고 인식하는 모바일 디바이스는 없습니다. 적어도 제가 아는 범위에서는 그렇습니다.

따라서 데스크톱 웹에서 마우스 호버에 의해 이루어지는 모든 액션에 대해 다시 생각해봐야 합니다. 어떤 의미에서는 좋은 일이기도 합니다. 웹에서는 호버 액션이 너무 남용되는 듯하기 때문입니다. 우리가 어떤 대상 위에 마우스 커서를 올려둔다고 해서 그것이 꼭 액션이 들어 있는 팝업 메뉴를 요청하는 것은 아닙니다(그림 5.12). 클릭과 다르게 호버는 명확한 액션이 아닌 경우가 많습니다.

또한 웹의 호버 메뉴는 화면에 배치할 만큼 중요하지는 않지만 호버로 노출될 만큼은 의미있어 보이는 액션들을 모아두는 쓰레기

그림 5.12 반스앤노블 웹사이트에서는 책 위에 마우스를 올리면 약간의 정보를 더 보여주는 팝업 창을 보여줍니다.

하치장이 되어버렸습니다. 잡스러운 옵션을 모아두는 쓰레기통이나 다름없게 돼버린 것이죠. 모바일로 전환할 때 여기에 미련을 두지 마세요.

호버 메뉴로 있던 것을 모바일로 옮기는 방법은 크게 네 가지입니다. 화면에 모두 배치하거나, 탭 혹은 스와이프 방식으로 바꾸거나, 독립된 화면에 두거나, 아예 없애버리는 것입니다(저는 마지막 방법이 가장 맘에 듭니다).

화면에 배치하기

호버 메뉴 안에 있는 액션과 정보가 중요하다면 호버 메뉴에서 꺼내서 화면에 직접 보이도록 배치하는 것이 올바른 접근법일 것입니다. 이것은 트위터가 초창기 모바일 웹 경험에서 사용했던 해결책이기도 합니다.

트위터를 데스크톱에서 사용할 때, 메시지 위에 마우스를 갖다 대면 몇 가지 중요한 액션인 '관심 글 담기Favorite', '리트윗Retweet', '답글Reply'이 나타납니다(그림 5.13).

이 액션이 모바일 웹 경험에서도 중요하다고 여긴 트위터는 화면에 모두 보이도록 배치했습니다(그림 5.14).

그림 5.13 트위터 업데이트 부분의 호버 방식은 몇 가지 부가적인 액션을 보여줍니다.

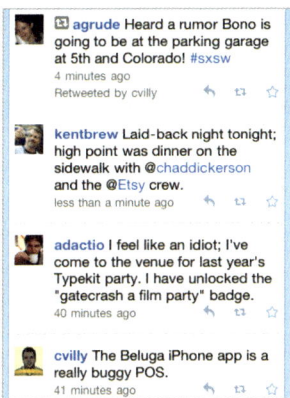

그림 5.14 트위터의 초창기 모바일 웹에서는 '관심 글 담기', '리트윗', '답글'이 언제나 모두 보입니다.

탭 혹은 스와이프 방식

모바일 웹 브라우저에 따라 다르지만 여러분이 운용하고 있는 웹사이트의 호버 메뉴에 아무런 조치도 취하지 않는다면 기본적으로 온-탭on-tap 메뉴로 전환될 수 있습니다. 호버 메뉴의 액션이나 콘텐츠가 사람들에게 다음 단계로 넘어가기 위해 논리적으로 꼭 필요한 내용이라면 이는 잘된 일일 것입니다. 하지만 호버 메뉴의 콘텐츠가 흐름에 방해만 되는 쓸데없는 단계라면 짜증 나는 일이겠죠.

스와이프 제스처는 탭보다 찾기 쉽지 않고 제대로 동작하기 위해

그림 5.15 이전에 보았듯, 야후! 메일 모바일 웹 경험은 스와이프 기능을 집중적으로 설명하는 개요를 담고 있습니다.

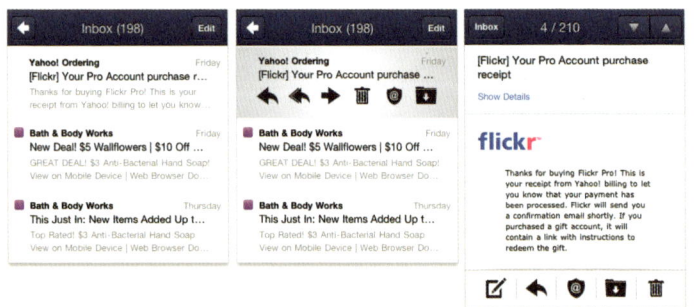

그림 5.16 야후! 메일의 터치 제스처 단축키는 메시지 화면에도 나타납니다.

서는 노력이 필요할 수도 있지만, 탭 액션처럼 논리적 순서에 맞지 않게 사람들의 동작을 방해하지는 않을 것입니다. 스와이프 제스처를 이용하려고 한다면 사람들에게 작동 방식을 알려주는 어포던스 또는 가벼운 애니메이션을 포함하는 것이 좋겠습니다(그림 5.15).

이 말도 꼭 해둬야겠네요. 스와이프처럼 눈에 띄지 않는 터치 제스처를 통해 드러나는 액션과 정보는 다른 방법으로도 접근할 수 있어야 합니다. 야후! 메일에서는 스와이프 제스처로 드러나는 액션을 메일 읽기 전체 화면에도 포함시켰습니다(그림 5.16).

그림 5.17 데스크톱에서 호버 메뉴 안에 있던 콘텐츠를 모바일 웹 경험에서는 독립된 화면으로 제시합니다.

독립된 화면

호버 속 콘텐츠가 아주 많다면 호버 메뉴 안의 내용을 독립된 화면으로 옮기는 것이 최선입니다. 반스앤노블Barnes & Noble도 이 방법을 사용하고 있습니다(그림 5.17). 이전의 데스크톱 사이트에서는 커다랗던 (그래서 걸리적거렸던) 호버 메뉴가 이제 모바일 웹에서는 독립된 페이지가 되었습니다.

영원히 없애버리기

아무 가치도 없다면 호버 메뉴에 들어 있는 것들을 완전히 없애버리세요. 고객에게 별로 중요하지 않은 추가 옵션과 정보를 없애면 사용자 인터페이스가 단순해집니다. 그뿐만 아니라 개발해야 하는 양도 줄기 때문에 시간이 흐른 뒤 유지 및 보수해야 할 일거리도 줄어듭니다. 그러니 호버 메뉴 따위는 두려워하지 말고 내던져버리세요.

액션 **103**

위 방법 중 어떤 방법이 여러분에게 맞는지 모르겠지만, 모바일 작업을 할 때는 반드시 호버가 처리되어 있어야 합니다.

Can't touch this(터치할 수 없다면)

좀 더 알아둘 것이 있습니다. 호버 처리에 대해 생각한다면, 터치 기반이 아닌 디바이스와 하이브리드 디바이스도 염두에 두고 디자인해야 합니다. 트랙패드, 트랙볼, 키패드, 스크롤휠과 피지컬 키보드 등 간접적인 조작 모드로 입력하는 하드웨어를 사용하는 모바일 디바이스에서는 화면 위에 손가락을 대지 않고 웹을 사용하게 됩니다.

이 같은 종류의 중간 컨트롤을 사용하여 웹 페이지를 둘러볼 때 CSS의 :hover 상태를 사용하면 자바스크립트를 사용하지 않고도 활성화된 인터페이스 요소를 강조할 수 있습니다. :focus 상태를 사용해 이 모드를 위한 스타일을 잡아주는 것이 나을 수도 있지만, 많은 웹사이트는 :focus 상태를 명시하고 있지 않습니다. 오페라 미니 같은 모바일 브라우저는 :hover를 통해 화면에 보이는 요소 중 어떤 것이 현재 액션 가능한지 보여줍니다.

여러분의 모바일 웹 경험의 모든 액션 가능한 링크, 버튼, 메뉴에 :hover와 :focus 상태를 명확하게 정의해 놓는 것이 좋습니다. 이는 위에서 언급한 간접적인 하드웨어를 이용한 모바일 디바이스에서 여러분의 사이트 혹은 애플리케이션을 사용하는 모든 이에게 귀중한 피드백을 제공할 것입니다.

하지만 터치 기반이 아닌 모바일 디바이스를 고려할 때 포커스에 대해서는 걱정하지 않아도 됩니다. 대규모 스마트폰 제조사들은 대부분 터치 기능을 열렬히 받아들이고 있지만, 과거에 그들이 출시

했으며 앞으로 계속해서 출시할 모든 디바이스에 터치스크린이 장착될 것은 아닙니다. 터치 기반이 아닌 모바일 디바이스에는 보통 작은 화면을 장착하죠. 그러다보니 터치 기반에서 적절했던 터치 대상의 크기는 너무 많은 공간을 차지하게 됩니다. 그리고 터치 제스처도 존재하지 않겠죠. 우리는 이러한 상황에도 대처해야 합니다.

이 책의 뒷부분에서 논의하게 될 레이아웃 기술을 사용하면 상호작용 타깃을 작게 만들 수 있도록 여러분의 사이트를 조정하는 데 도움이 될 것입니다. 점진적 향상 기법progressive enhancement[13]을 신중하게 사용하면 기본적인 상호작용 액션 또한 여전히 작동할 것입니다. 하지만 저는 여기서 더 깊이 들어가지 않고 짧게 끝내겠습니다. 점진적 향상 기법에 대한 개략적인 설명은 저보다 더 내공이 깊은 분들을 위해 남겨두도록 하겠습니다(http://bkaprt.com/mf/47).

준비하시고, 출발!

점점 더 많은 사람이 터치스크린 기반의 모바일 디바이스를 들고 다닙니다. 우리는 그들이 손을 사용해 우리 웹사이트를 방문할 수 있도록 해야 합니다. 이를 위해 해야 할 일은 다음과 같습니다.

- 터치 대상의 크기를 적절하게 키우고 배치할 것
- 스스로 일반적인 터치 제스처에 익숙해지도록 터치의 언어를 배우고, 사람들이 터치 제스처를 사용해 사이트를 둘러보는 방식과 대상 및 화면과 소통하는 방식을 배울 것

---

13 점진적 향상 기법(progressive enhancement) : 웹페이지를 방문하는 모든 사람이 어떤 브라우저를 이용해 인터넷에 접속하더라도 기본적인 콘텐츠와 기능에 접근할 수 있도록 하고, 더 진보한 브라우저를 통해 방문한 이에게는 더 향상된 버전을 제공하도록 하는 것

- NUI 사용을 두려워하지 말고 크롬이 아닌 콘텐츠가 액션의 초점이 되도록 할 것
- 호버 메뉴를 각 사이트 특징에 알맞은 방법을 채택하여 모바일로 전환할 것
- 모바일 웹 상호작용web interaction을 디자인할 때는 터치 기반이 아닌 디바이스와 하이브리드 디바이스의 경우도 고려해야 한다는 것을 꼭 기억할 것

지금까지 액션의 기본을 살펴보았으니, 이제 그 중 가장 중요한 액션인 '입력'으로 관심을 좀 돌려보도록 하겠습니다.

6 입력

웹의 위력이 비롯되는 원천을 찾아보자면, 사람들이 단순히 콘텐츠를 보고 소비할 수 있다는 것뿐만 아니라 직접 참여하고 콘텐츠를 만들 수 있다는 점도 간과할 수 없습니다. 모바일 디바이스의 입력 방식input은 모바일을 이용해 만들어낸 결과물output만큼이나 중요합니다. 모든 일이 다 그렇듯 모바일 입력 방식에도 그만의 비밀이 있습니다.

- 사람들이 영감을 얻을 때마다 언제든지, 어디에서든지 기여하고 창조할 수 있는 기회로 모바일을 생각하세요.
- 명확하게 질문하기 위해 모바일에 최적화된 레이블labels을 사용합니다.
- 입력 타입과 속성, 마스크Mask를 이용해 모바일에서 입력이 더욱 쉬워지도록 만들어봅니다.

- 순차적인 폼, 비선형적인 폼, 콘텍스트 내 폼에 꼭 맞는 레이아웃을 선택합니다.
- 모바일 디바이스의 성능을 이용해 입력 영역 이상의 기회를 찾아봅니다.

입력 받아들이기

디자이너들의 생각을 하나로 모으는 것은 정말 어려운 일입니다. 그렇기에 지난 몇 년간 모바일 디자인 가이드를 되돌아보았을 때 입력에 관해서 많은 합의가 이루어진 것은 다소 놀랍습니다. 당시에는 모바일에서의 입력을 제한해야 한다는 것에 거의 모든 사람이 동의했습니다. 브라이언 플링Brian Fling은 그의 저서《모바일 웹디자인과 웹개발Mobile Web Design and Development》에서 이렇게 말합니다. "엄지손가락의 법칙The rule of thumb [1]은 모바일 콘텍스트에서 폼form 사용을 제한하는 것입니다."

모바일 디바이스를 사용하고 있을 때 사람들은 '한쪽 눈과 한쪽 엄지로 이루어진 생명체'이기 때문에 한군데에 집중할 수가 없습니다. 그러므로 이때 정확한 내용을 입력하라는 요구를 피해야 한다는 주장에도 분명 일리가 있습니다. 하지만 사용자 스스로 입력하기로 선택한 만큼 입력할 수 있도록 해야 한다는 주장도 옳습니다. 어쨌거나 2010년 미국에서는 하루에 40억 통 이상의 문자 메시지가 전송되었고, 대부분은 불편하기 짝이 없는 피처폰 키패드로 작성된 것입니다. 이것을 보면 사람들이 모바일을 통해 메시지를 서로 주고받고 싶어 한다는 것만큼은 아주 분명하죠. 그것도 꽤 자주 말

---

1 엄지손가락의 법칙 : 모바일 디바이스 사용에 있어 엄지손가락의 역할과 그에 따른 고려 사항에 대한 디자인 원칙을 정리한 것.
《모바일을 위한 웹디자인》의 5장, '터치를 위한 디자인' 혹은 2017년 출간 예정인《터치를 위한 디자인》에 자세한 내용이 수록되어 있다.

이지요. 그들은 메시지를 보내는 데 어려움이 있더라도 이를 기꺼이 참아낼 의지가 있습니다.

하지만 이제는 많이 편해졌죠. 최신 모바일 디바이스는 더욱 커진 터치스크린, 마이크, 비디오 카메라 등을 이용해 메시지를 보내는 과정을 점점 더 쉽게 만들고 있거든요. 이제는 모바일 디바이스에서의 입력을 피해야 할 대상으로 생각할 것이 아니라 사람들로부터 다양한 정보나 의견을 얻을 수 있는 정말 좋은 기회로 받아들일 때입니다.

모바일 디바이스는 항상 우리와 함께 있습니다. 따라서 언제 어디서나 영감이 떠오르면 자기 생각을 말하거나 온라인에 게시해 공유할 수 있습니다. 위치 탐지 기능이라든가 디바이스 방향, 오디오, 비디오 카메라 등의 새로운 입력 방식을 사용하면 정확도가 떨어지는 손가락으로 타이핑을 많이 하지 않아도 됩니다.

무엇보다 중요한 것은 사람들이 모바일로는 절대로 이것은 하지 않을 것이라는 편견을 깰 필요가 있다는 것입니다. 어쨌거나 이베이의 아이폰 앱으로 26만 5,000달러짜리 비행기를 산 사람도 있으니까요(http://bkaprt.com/mf/48, http://bkaprt.com/mf/49). 모바일 입력을 환영하고 장려해야 한다는 사실을 받아들이고 나면, 우리는 그 때부터 그에 맞게 디자인을 어떻게 할 것인가에 대한 논의를 시작할 수 있을 것입니다.

모바일은 이렇게 묻습니다

우리가 사람들에게 입력을 요청하는 방식은 우리가 얻게 될 답의 종류를 결정하는 데 많은 도움이 됩니다. 웹에서는 질문의 대부분이 폼을 통해 이루어지고, 폼은 레이블을 사용해서 필요한 정보를 묻습니다. 그러나 모바일에서의 폼 레이블은 그 자체가 가지는

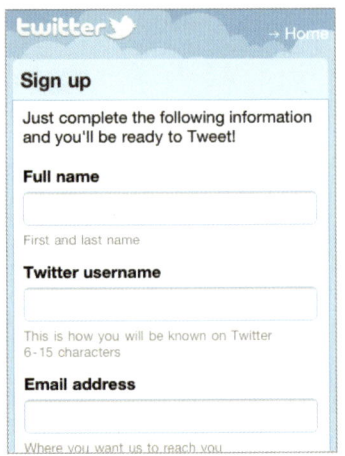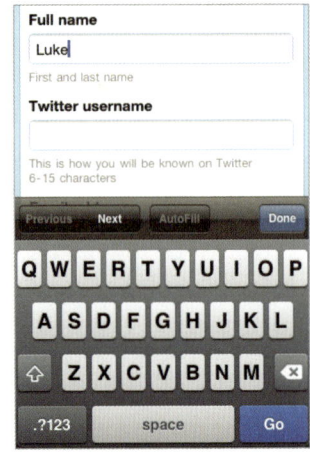

그림 6.1 트위터의 모바일 가입 폼은 상단 정렬 레이블을 아주 잘 사용하고 있습니다.

고유한 제약 사항과 기능에 따라 디자인을 결정해야 합니다.

모바일 디바이스는 화면이 작기 때문에 웹 폼을 조정해야 합니다. 대부분의 모바일 화면에는 나란히 두 개의 열이 들어갈만한 공간이 없기 때문에 레이블을 왼쪽이나 오른쪽으로 줄맞춤할 만한 공간은 없습니다. 그래서 레이블을 입력 필드 위에 놓는 상단 정렬 방식이 가장 적합합니다. 이는 화면 크기에 최적화되어 있고, 길이가 긴 레이블도 넣기가 편할 뿐만 아니라, 가상 키보드가 올라와 화면의 반을 차지하고 있을 때에도 보이기 때문입니다.

트위터의 모바일 가입 폼(그림 6.1)은 질문을 위해 상단 정렬 레이블을 사용하고 있으며, 입력 필드 아래에는 좀 더 자세한 정보나 추가적인 정보를 위한 부가적인 텍스트가 배치되어 있습니다. 이 두 가지 요소는 가상 키보드가 있을 때도 보입니다. 트위터 이야기가 나와서 말인데, 2010년 5개월간 트위터 신규 사용자의 16%가 모바일 디바이스를 통해 가입했다는 사실을 알고 계십니까?(http://

bkaprt.com/mf/25) 그리고 전체 트위터 메시지의 40%가 모바일 디바이스를 통해 작성되었다는 것은요(http://bkaprt.com/mf/50)? 아직도 모바일을 통한 입력이 별 것 아니라고 생각하는 건 아니겠죠?

상단 정렬 방식도 공간 제약이 많은 모바일에 잘 맞지만, 입력 필드 안에 레이블을 배치하면 이보다 더 좋은 결과를 얻을 수 있습니다. 그 증거로 거의 모든 네이티브 모바일 애플리케이션 플랫폼은 입력 필드 안의 레이블을 지원하고 있고, 디폴트 애플리케이션default application에서 이를 사용합니다. 하지만 웹에서 입력 필드 안에 레이블을 구현하려면 몇 가지 작업이 필요합니다.

입력 필드 안에 있는 레이블은 보기에는 좋아도 다음과 같은 점을 해결해야 합니다.

- 레이블은 사용자가 입력하는 답변의 일부가 되어서는 안 됩니다. 아주 간단해 보이지만 여전히 자주 일어납니다. 로딩이 제대로 되지 않았거나 올바르게 코딩되지 않았을 때에 말이죠. '검색'이라는 단어가 여러분의 검색용 쿼리query에 포함되었는지를 확인하기 위한 검색만 해본 적이 있나요?
- 레이블은 입력 필드에 입력할 실제 답변과 혼동되지 않게 만들어야 합니다. 레이블과 입력할 답변이 너무 비슷해 보이면 사용자는 답변이 이미 제공되어 있는 걸로 혼동할 수 있습니다. 사용성 검사usability testing 때 자주 발견되는 일입니다.
- 레이블은 사용자가 답변을 쓰기 시작하고 일련의 질문에 대한 답변을 끝내면 일반적으로 안 보입니다. 이렇게 되면 사용자로서는 지금 어떤 질문에 답을 했는지 알 수가 없고, 레이블이 사라지고 난 후에 앞으로 돌아가서 답변을 확인하기도 어렵습니다.

이메일 마케팅 사이트인 메일침프MailChimp는 이 중에서 두 가지 예를 모바일 로그인 화면에서 잘 보여줍니다(그림 6.2). 입력 필드에

그림 6.2 메일침프 모바일 로그인 폼은 입력 필드 내의 레이블을 구현할 때 해결해야 할 몇 가지 사항을 잘 보여줍니다.

사용자 이름을 넣으면 창 안의 레이블은 사라집니다(참고: 이것은 HTML5 입력 속성 placeholder의 기본 동작인데, 명세에 따르면 이는 레이블이 아니라 팁을 위해 만든 것이라는군요). 또한 답변을 입력하고 나서 보면 답변인 lukew와 다음 레이블의 password 사이에는 감지하기 어려운 회색빛의 색상 차이만 있을 뿐입니다. 이렇게 단순한 폼에서는 두 가지 이슈 중 어느 하나도 그리 큰 문제가 되지는 않을 것입니다. 하지만 폼이 길어지면 길어질수록 이 이슈로 인해 생겨나는 문제는 훨씬 심각해질 수 있습니다.

하지만 이러한 위험을 줄이고 입력 필드 내 레이블의 효과를 높일 수 있는 방법이 있습니다. 프로젝트 매니지먼트 애플리케이션인 베이스캠프의 모바일 로그인 화면에서는 사용자가 실제로 답변을 입력할 때까지 입력 필드 내 레이블이 계속 보이도록 합니다(현재로서는 이것이 웹 브라우저의 기본 동작이 아니기 때문에 개발 작업이 필요합니다). 베이스캠프는 답변과 레이블이 각각 시각적으로 확연하게 구별되도록 하여 이들 두 요소가 서로 혼동될 가능성을 줄이고 있습니다(**그림 6.3**).

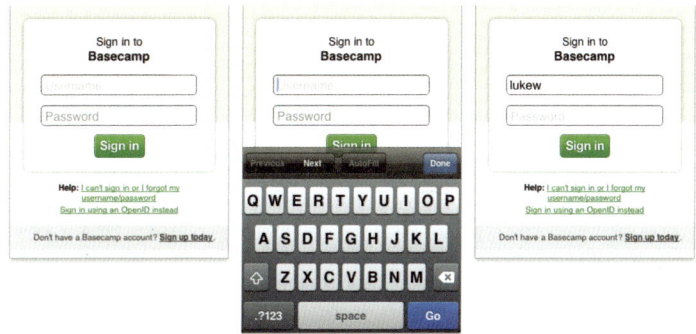

그림 6.3 37시그널즈37signals의 베이스캠프는 로그인 폼에서 입력 필드 내의 레이블을 개선하기 위해 추가적인 노력을 아끼지 않았습니다.

모바일은 이렇게 대답합니다

솔직히 모바일에서 잘 디자인된 레이블을 가지고 질문을 던지는 건 어려운 게 아닙니다. 사용자가 최대한 정확한 답변을 할 수 있도록 쉽게 만드는 것이 어려운 일이죠. 다행히도 모바일에는 제약 사항만 있는 것이 아닙니다. 우리에게 도움이 될 만한 기능도 많죠.

표준

웹 작업을 조금이라도 해보신 분이라면 입력 타입input type에 익숙할 것입니다. 가장 일반적으로 사용되고 광범위하게 지원되는 입력 타입에는 체크박스checkbox, 라디오 버튼radio, 패스워드password, 선택 메뉴select menus(드롭다운 리스트dropdown lists), 파일 선택file pick, 서브밋 버튼submit buttons, 일반 텍스트plain text 등이 있습니다. 이 표준을 적재적소에 배치하면 사용자가 모바일에서 사용하는 데 큰 도움이 됩니다 (표 6.1).

예를 들어 드롭다운 리스트에 맞는 표준 선택 메뉴standard select menu

입력 **113**

를 사용하고 있다면, 모바일 터치스크린 브라우저에서는 데스크톱에서 흔히 볼 수 있는 표준 드롭다운 메뉴standard dropdown menu가 아닌 적절한 크기의 터치 대상을 가진 커다랗고 스와이프 가능한 리스트로 나타낼 수 있습니다(그림 6.4, 6.5). 이 목록은 다양한 모바일 플랫폼에서 각기 다른 모양으로 나타나지만, 어쨌거나 이 모든 것은 표준 컨트롤을 사용해서 더욱 쉽게 입력하게 하기 위한 것입니다. 서브밋 버튼과 라디오 버튼, 오류 메시지 등에도 같은 원칙이 적용됩니다.

표준을 넘어

하지만 여기에도 예외는 있습니다. 대부분의 경우 선택 메뉴를 위한 모바일 플랫폼 컨트롤을 사용하면 사용자가 목록에서 쉽게 대답을 고를 수 있지만, 어떤 때는 이것이 한계에 도달하기도 합니다. 선택 메뉴의 내용이 길면, 특히 '확대된zoomed' 크기로 디스플레이되어 중간에 잘릴 수 있기 때문에 사용자가 옵션을 읽기 어려워집니다(그림 6.6).

내용이 긴 선택 메뉴는 사용자 정의 컨트롤Custom Control을 사용하더라도 역시 전체 화면 높이를 사용할 수 없습니다. 대신 사람들은 작은 창을 스크롤 해가며 원하는 옵션을 찾으려고 집중해야 합니다. 아이폰과 같은 디바이스에서 한 번에 볼 수 있는 옵션은 4~5개를 넘어가지 않습니다.

따라서 선택 메뉴에 들어 있는 내용 중 하나라도 표준 선택 컨트롤의 가로 또는 세로 길이의 제한에 걸린다면, 독립된 모바일 페이지를 열어 풀스크린full-screen에서 리스트를 보며 사용자가 필요로 하는 옵션을 선택하도록 하는 것이 낫겠지요.

간단한 터치 컨트롤로 일을 더 빠르고 쉽게 할 수 있다면 선택 메뉴를 버리는 것이 나을 수도 있습니다. 아시다시피 선택 메뉴에서는

표 6.1 표준 웹 입력 방식

입력 방식	HTML
체크박스	<input type="**checkbox**">
라디오 버튼	<input type="**radio**">
패스워드	<input type="**password**">
드롭다운 리스트	<select><option>...
파일 선택	<input type="**file**">
서브밋 버튼	<input type="**submit**">
일반 텍스트	<input type="**text**">

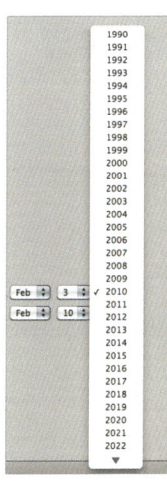

그림 6.4 아이폰의 모바일 브라우저는 표준 선택 메뉴의 터치에 최적화된 (스와이프 가능하고 커다란 터치 영역을 가진) 컨트롤을 사용합니다.

그림 6.5 안드로이드의 모바일 웹 브라우저 또한 선택 메뉴를 터치하기 쉽도록 최적화했습니다.

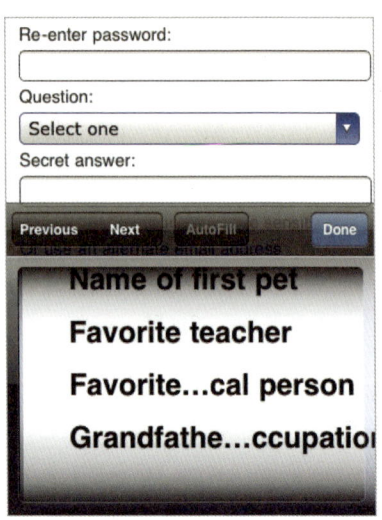

그림 6.6 마이크로소프트의 로그인 폼에 있는 질문 목록은 iOS 선택 메뉴의 한계를 넘어버립니다.

두드리는, 즉 탭tap 동작이 집중적으로 일어납니다. 메뉴를 열기 위해 한 번 탭하고, 제시되는 리스트를 스와이프하다가 찾던 항목을 탭, 그리고 완료하거나 앞으로 돌아가기 위해 다시 탭을 합니다. (혹시 세보지 않으셨을까 봐 알려드립니다만) 한 메뉴에서만 총 네 번 탭을 했네요. 여러 개의 선택 메뉴를 사용하는 폼이라면 탭 수도 엄청나게 늘어날 것이 불 보듯 뻔하죠(그림 6.7).

다행히도 우리는 터치 기반 인터페이스를 위해 특별히 디자인된 몇 가지 사용자 정의 컨트롤 덕분에 탭을 효율적으로 쓸 수 있습니다. 여행 사이트 카약Kayak(그림 6.8)은 투숙객과 객실의 수를 지정하는 데 선택 메뉴를 사용하지 않고 스피너 컨트롤spinner control을 사용합니다. 이 입력은 수를 조정할 때 그저 '+'나 '-'를 탭하면 되는데, 선택의 범위가 작은 질문에 어울리는 방식입니다. 카약의 경우를 예로 보면, 여기서는 호텔 객실을 두 개까지만 예약할 수 있게 되어있습니다.

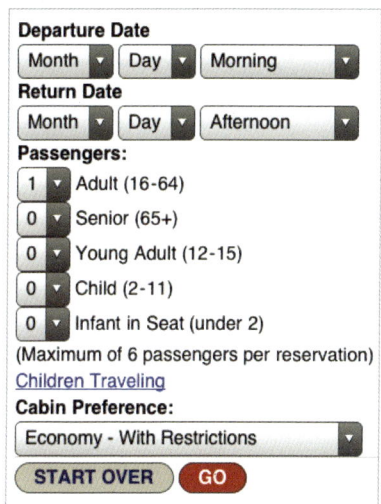

그림 6.7 아메리칸 항공사American Airlines의 모바일 웹 경험에서 예약을 하려면 수많은 선택 메뉴를 거쳐야 합니다.

또한 카약은 객실과 투숙객 필드에 스마트한 디폴트default(기본 설정) 값을 넣어 모바일에서의 예약을 쉽게 할 수 있도록 했습니다. 그러니까 사용자 대부분이 선택할 만한 값을 미리 넣어두는 거죠 (http://bkaprt.com/mf/51). 카약을 이용하는 고객의 대다수는 방 하나를 예약합니다. 이 값을 사용자에게 입력하라고 하지 않고 미리 '1'로 설정해놓으면 시간과 노력을 아낄 수 있습니다.

모바일에서 디폴트 값을 약간만 조정하는 폼, 그리고 필드를 비워두는 폼을 비교한 연구 결과에 따르면 스마트 디폴트 값을 이용하면 필드를 비워둘 때보다 4배 더 빠르다고 합니다(http://bkaprt.com/mf/52; PDF). 모바일에서 이처럼 시간을 아낄 수 있는 방법은 큰 도움이 됩니다.

카약은 또한 날짜 선택기date picker에 사용자 정의 컨트롤을 사용하고 있습니다. 아메리칸 항공이 날짜 선택을 위해 사용했던 세 가지 선택 메뉴(그림 6.7)와는 달리, 카약의 모바일 웹에서 볼 수 있는 날짜

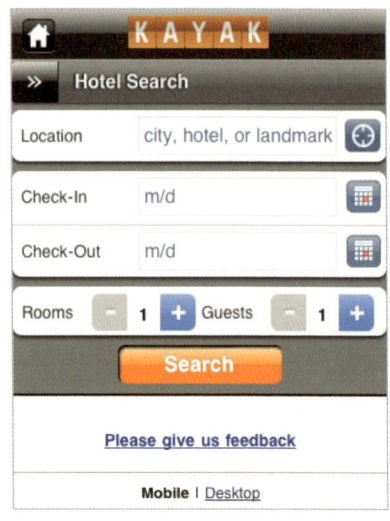

그림 6.8 카약은 호텔 예약 폼에서 객실과 투숙객의 수를 고를 때 터치에 최적화된 스피너 컨트롤을 사용합니다.

선택기는 사용자가 여행가고자 하는 월months을 탭한 다음, 일day은 적절한 크기의 터치 대상에서 선택하게 합니다(그림 6.9). 불필요하게 여기저기 여러 번 탭하지 않도록 하는 스마트한 방식이죠.

만약 여러분이 만들고 있는 모바일 웹 경험에서 더욱 효율적인 터치 스크린 작업을 위해 사용자 정의 입력 컨트롤을 사용하기로 마음먹었다면, 터치 기반이 아닌 디바이스와 하이브리드 디바이스 또한 잊지 마시기 바랍니다. 여러분이 만든 컨트롤이 트랙볼이나 트랙패드와 같은 간접 조작 방식을 통해서도 사용할 수 있는지 웹 폼 내의 탭 순서tab order를 지정하고, :focus와 :hover 상태를 설정하여 확인하시기 바랍니다.

새로운 표준

사용자 정의 입력 컨트롤을 구현하기 위해서는 사용자 정의 코드custom code를 작성해야 합니다. 하지만 모바일 웹 브라우저는 너무

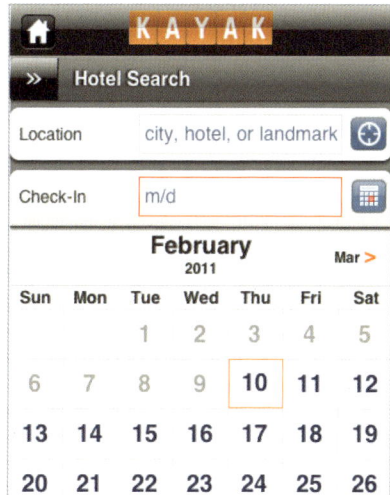

그림 6.9 카약의 날짜 선택 항목은 적절한 크기의 터치 대상을 이용합니다.

나도 빠르게 발전하고 있으며, 지금으로서는 절차적 솔루션procedural solution이 필요한 요소라 할지라도 곧 마크업markup 선언만으로도 해결될 경우가 많아질 것입니다(http://bkaprt.com/mf/53). 사실 지금도 모바일에서 입력을 편하게 만들어주는 선언적 솔루션declarative solution은 꽤 많습니다.

우선 HTML5의 몇 가지 새로운 입력 타입은 특정 형식을 필요로 하는 질문에 대한 정확한 답변을 유도하는 데 도움이 될 것입니다. 예를 들어 사파리Safari와 같은 모바일 브라우저에서 url 타입의 입력을 지정하면 가상 영숫자 키보드와 '.(마침표)', '/(슬래쉬)', '.com(닷컴)' 키가 나타납니다. email 타입의 입력을 지정하면 가상 영숫자 키보드와 '.(마침표)', '@' 키가 나타나죠. 숫자 타입의 입력을 명시하면 가상 숫자 키보드가 나타납니다(그림 6.10).

이렇게 입력 타입에 특화된 키보드가 제시되면 각각의 입력 필드가 요구하는 정확한 종류의 데이터를 입력하기가 쉬워집니다. 새로운 입력 타입을 지원하지 않는 오래된 브라우저는 이 필드를 표준 텍스트 입력으로 취급하기 때문에 이러한 HTML5 입력 타입을 바로 사용해도 거의 문제가 되지 않습니다(http://bkaprt.com/mf/55에 제시된 피터-폴 콕Peter-Paul Koch의 호환성 도표를 확인해보세요. 가장 많이 사용되는 모바일 웹 브라우저에서 지원하는 입력 타입이 정리되어 있습니다).

숫자 입력 타입을 (HTML5나 그보다 덜 알려진 CSS-MP나 wireless CSS와 같은 표준을 사용해) 명시하는 것은 가상 키보드가 없는 브라우저에도 도움이 됩니다. 이렇게 하면 사용자가 숫자를 입력하기 위해 숫자 모드로 전환할 필요가 없기 때문이죠.

숫자에 대해 좀 더 이야기하자면, 전화기라는 것은 원래 숫자 입력을 위해 디자인된 것입니다. 가상이건 아니건 여전히 대부분의 전화기에는 키패드가 있습니다. 따라서 전화번호나 가격처럼 숫자 입력을 요청할 때는 단일 입력 필드를 사용하고 키패드를 이용해서 좀 더 정확한 답변을 입력하도록 구성하세요.

새로운 입력 타입을 소개하긴 했지만, 폼 내에서 처리해야 하는 많은 일은 여전히 일반 텍스트 입력과 관련되어 있습니다. 다행히도 일반 텍스트 입력은 모바일 디바이스의 입력 속성을 사용하면 더 쉽게 할 수 있는데요, 여기에는 다음과 같은 사항이 포함되어 있습니다.

- 자동 대문자 기능 : 이메일과 비밀번호, URL 및 기타 대/소문자를 구분해야 하는 필드에서는 이 기능을 꺼둡니다. 이름이나 지명과 같은 고유명사가 들어갈 자리라면 켜두세요.
- 자동 완성 기능 : 이메일과 패스워드, URL 및 기타 영숫자를 사용하지 않는 입력일 경우에는 이 기능을 꺼둡니다. 텍스트 영역이나 자유 폼 입력에서는 이 기능을 켜둡니다. 자동 완성 기능을 통해 발생할 수 있는 '쓰레기 공백 문자trailing space[2]를 잘라내세요.

url

email

number

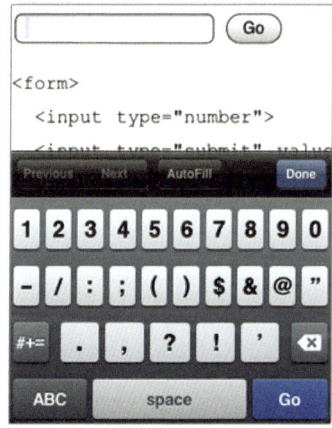

그림 6.10 HTML5 입력 타입과 결합된 가상 키보드. 이미지 출처 : 마크 필그림Mark Pilgrim의 저서 《HTML5의 바다에 빠지다Dive into HTML5》 (http://bkaprt.com/mf/54)

2 쓰레기 공백 문자(trailing space) : 소스코드의 라인 끝에 의미 없는 공백 문자가 남아서 ≫:, >:, · : 와 같은 지저분한 코드가 생기는 것을 말한다. 굳이 우리말로 만들자면 '흘린 공백 문자', '쓰레기 공백 문자' 정도가 될 듯하다.

다시 한번 말하지만 이와 같은 속성을 지원하지 않는 브라우저는 이를 무시할 것이므로 여러분의 디자인에 이 기능을 포함해도 아무런 영향을 주지 않습니다. 하지만 이 기능의 편리함을 느낀 사람들은 분명 여러분에게 감사할 것입니다. 자신이 일일이 탭해서 답변한 것이 쓸데없이 작동하는 자동 완성 기능 때문에 싹 갈아치워지는 것을 면했을 때 말입니다.

복잡한 것 마스킹하기

입력 타입과 속성을 명시하기만 해도 모바일 사용자는 많은 작업을 하지 않고도 정확한 답변을 할 수 있게 됩니다. 그런데 입력 마스크input masks를 사용하면 훨씬 더 나은 결과를 얻을 수 있습니다. 입력 마스크는 명확한 입력 단서를 미리 제시하고 사용자가 입력하는 내용을 제한함으로써 실수를 줄일 수 있을 뿐만 아니라 모바일 디바이스에서의 복잡한 입력을 관리할 수 있도록 도와줍니다.

대부분의 모바일 운영체제는 입력 마스크를 지원하기 때문에 네이티브 모바일 애플리케이션 안에서 입력 마스크를 쉽게 접할 수 있습니다. 하지만 브라우저에서 입력 마스크를 구현하기 위해서는 많은 노력과 자바스크립트가 필요합니다. 따라서 효과적인 입력 마스크를 만들기 위해서는 무엇이 필요한지 아는 것이 중요합니다.

가장 기본적인 형태의 입력 마스크는 답변이 유효한 형식으로 작성되었다는 것을 확인해줍니다. 이를 설명하기 위해 me.com에서 사용자가 이메일 주소를 입력한다고 가정해봅시다. 우리가 요청하는 형식에 속하지 않는 것은 무엇이든 '감추거나mask' 덮어버리는 입력 마스크를 사용할 수 있습니다. 이 경우, 수집하는 이메일 주소가 모두 @me.com으로 끝나야 하므로 @ 다음에 입력되는 모든 문자를 가

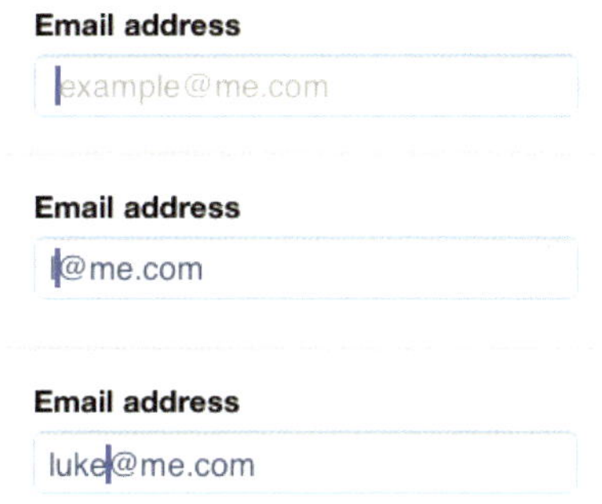

Email address

example@me.com

Email address

@me.com

Email address

luke@me.com

그림 6.11 활성화된 기본 입력 마스크 – 특정한 이메일 형식의 경우

리면 됩니다.

그림 6.11을 보면 이 액션을 확인할 수 있습니다. 사용자가 이메일 주소를 입력하기 시작할 때도 @me.com 부분은 여전히 입력 필드에 남아 있습니다. @ 다음에는 어떤 문자를 입력해도 모두 무시됩니다. 이렇게 하면 오류를 줄일 수 있을 뿐만 아니라 사용자가 입력해야 하는 문자의 양도 적어지게 됩니다. 이 두 가지 모두, 모바일에서는 큰 이점이 됩니다.

하지만 입력 마스크가 사용자의 입력을 방해하는 것이 아니라 돕도록 하기 위해서는 디자인적으로 고려해야 할 사항이 몇 가지 있습니다. 먼저, 요구되는 입력 타입을 미리 보여주는 것이 좋습니다. me.com의 예에서는 입력 필드에 @me.com 부분이 바로 제시되어 있으며, 이는 사용자가 자신의 이메일 주소를 입력할 때도 계속해서 보입니다.

납세자 번호tax ID의 예(그림 6.12)에서는 필요한 숫자 구조가 곧바로 제시되고, 이는 사용자가 답변을 입력할 때도 여전히 보입니다. 이 예에서 입력 마스크는 (이미 설정된 서식의 일부이기 때문에) 대시 기호(-)뿐 아니라 숫자가 아닌 문자는 모두 무시합니다. A나 G 등 문자를 입력해도 아무 반응이 없는 거죠. 납세자 번호에서 요구하는 것

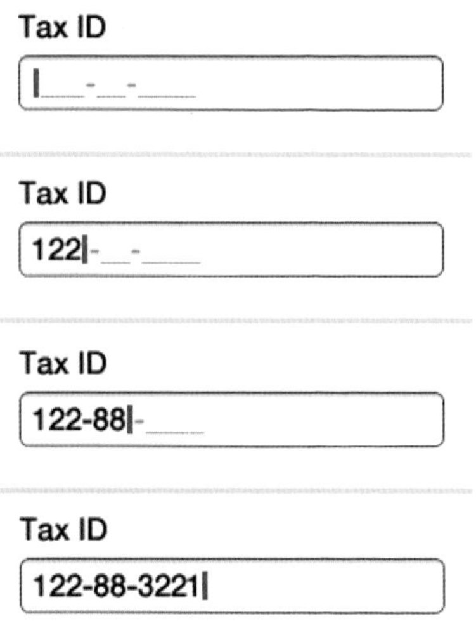

그림 6.12 잘 디자인된 납세자
번호 입력 마스크의 예

Tax ID

|_-__-____|

Tax ID

|122|-__-____|

Tax ID

|122-88|-____|

Tax ID

|122-88-3221||

은 두 개의 대시 기호와 숫자들뿐이기 때문입니다. 이 입력 마스크는 실수로 문자를 입력해 발생할 수 있는 오류를 사전에 방지하고 있습니다.

하지만 입력 마스크는 사용자가 예상하는 기대치로 일관되게 적용되어야 합니다. 그렇지 않으면 예측할 수 없게 되어 사용자는 혼란을 느끼게 되죠. 전화번호 입력 마스크의 예(그림 6.13)를 보면, 전화번호가 'XXX-XXX-XXXX' 형식으로 되어야 하는 것처럼 제시됩니다(참고: 저라면 답이 아니라 질문처럼 느껴지는 '___-___-____' 형식을 사용할 것입니다). 그러나 첫 번째 숫자를 입력하자마자 이 형식은 사라져버리고 두 개의 괄호가 입력되는 숫자를 둘러쌉니다. 이것은 전혀 예상하지 못했던 일입니다. 일단 계속 진행해보면 숫자가 하나하나 입력될 때마다 입력 필드에 요구하는 포맷이 점차 노출됩니다.

다 입력하고 보니 최종 답변에는 괄호와 빈 공간, 그리고 대시 기호가 하나 사용되었네요. 처음에 제시된 것과 전혀 다른 모습입니

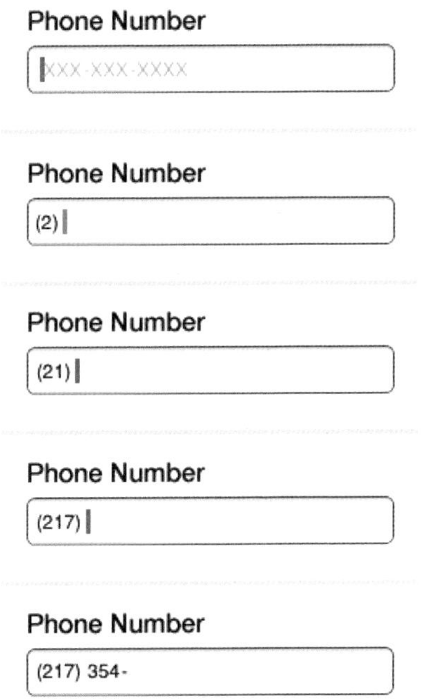

Phone Number

[XXX-XXX-XXXX]

Phone Number

[(2)|]

Phone Number

[(21)|]

Phone Number

[(217)|]

Phone Number

[(217) 354-]

그림 6.13 사람들이 질문에 대한 답변을 입력하는 동안 입력 마스크를 서서히 드러내는 것은 좋은 생각이 아닙니다.

다. 전화번호와 같이 일반적으로 이해할 수 있는 질문의 경우에는 큰 문제가 되지 않을 수도 있습니다. 하지만 일반적인 규칙으로는 미리 설정해 놓은 그대로 끝나는 입력 마스크가 점진적으로 노출되거나 나중에 나타나는 입력 마스크보다는 관리하기 편합니다. 또한 우리가 입력 마스크를 쓰는 이유는 모바일에서의 작업을 쉽게 하려는 것이지, 혼란을 가중시키려고 쓰는 것은 아니거든요.

옵션 배치하기

레이블과 입력 필드는 폼을 구성하는 요소지만 폼을 통하여 물어보려는 조직과 그에 답하는 사용자 사이에서 대화의 장으로써 역

입력 **125**

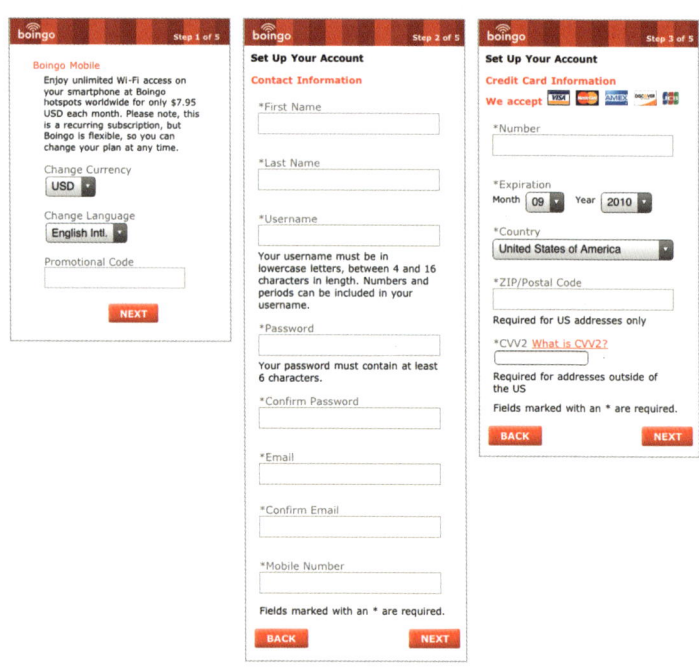

그림 6.14 보잉고의 기존 가입 폼은 무려 다섯 페이지로 구성되어 있었으며, 여기에는 그중 셋만 나열했습니다.

할 을 다하려면 조화롭게 하나가 되어야 합니다. 다시 말해 우리가 원하는 입력 타입을 적절하게 배치해야 합니다. 고차원적으로 보아 우리가 고려해야 할 입력 시나리오는 세 가지입니다. 일련의 입력 집합, 비선형적인 업데이트, 즉각적인 답변을 위한 콘텍스트 내 입력 in-context input이 그것입니다.

일련의 입력 집합은 작업을 완수하기 위해 한 번에 요청해야 하는 연관된 질문들을 모아놓은 것입니다. 온라인에서 볼 수 있는 가장 일반적인 예는 등록 및 체크아웃 폼입니다. 사람들이 (가입하거나 물건을 사는 등의) 원하는 것을 얻기 전에 사전에 주어진 질문에 답변

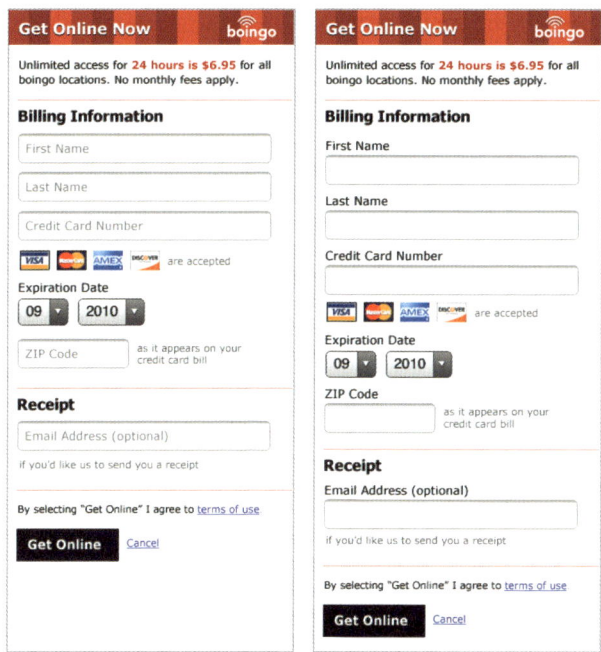

그림 6.15 보잉고의 폼을 급하게 다시 디자인해본 것입니다. 요소를 제거하고 한 페이지로 만들어서 사람들이 신속히 가입할 수 있도록 했습니다.

해달라고 요청하는 것도 일련의 입력 집합으로 간주합니다.

이 장에서 논의하는 레이블과 입력 필드의 모범 사례를 알아두면 모바일에서 일련의 입력 폼을 쉽게 완성할 수 있을 것입니다. 하지만 여러분이 사용자에게 입력해달라고 요청하는 정보의 수가 가장 직접적인 영향을 준다는 사실을 잊지 마세요. 질문의 수는 적으면 적을수록 좋습니다. 미국 무선인터넷 로밍 서비스인 보잉고Boingo 가 기존에 사용하던 온라인 가입 'Get Online' 폼 (**그림 6.14**)과 제가 다시 디자인한 것(**그림 6.15**)을 비교해보세요. 간결함을 목적으로 한다면 얼마나 많은 것을 제거할 수 있는지를 볼 수 있을 것입니다. 모

입력 **127**

바일 폼에 관해서라면 무자비할 정도로 효율적으로 잘라내고, 잘라내고, 또 잘라내야 합니다.

하지만 우리는 사용자에게 제시한 많은 질문에 대해 언제나 한꺼번에 대답을 받아야 하는 것은 아닙니다. (대규모 집합에서는) 일부 내용만 업데이트하거나 수정할 필요가 있는 경우도 많습니다. 이런 상황에서 답변이 가능한 입력 필드를 모두 노출한다면, 수정하려는 한두 가지 입력 항목을 찾기가 어려워집니다. 좋은 생각이 아니죠. 모바일 디바이스의 작은 스크린에서는 더욱 그렇고요.

따라서 비선형적인 입력을 업데이트하기 위해서는 다른 종류의 레이아웃을 적용하는 것이 맞습니다. 예를 들어 백체크^{Bagcheck} 사이트를 봅시다. 프로필 정보를 수정하는 일은 드물지만, 프로필에 있는 모든 정보를 수정하는 일은 훨씬 더 드뭅니다. 그러므로 '프로필 수정^{Edit Profile}' 화면에는 사용 가능한 입력과 현재의 답변이 나열되지만, 이 답변을 위해 입력 필드를 모두 노출하지는 않는 것을 기본 설정으로 해두었습니다. 대신 각각의 입력이 가능한 곳을 탭하면 열리는 다이얼로그 창^{dialog window}(포커스되면 가상 키보드를 바로 띄운다)이나 별도의 화면에서 편집할 수 있습니다(그림 6.16).

단일 입력 화면이나 다이얼로그 창을 디자인할 때는 반드시 가상 키보드의 높이(보통 스크린 높이의 반쯤)를 고려하도록 하세요. 키보드가 있는 동안에도 입력 내용과 액션이 모두 보이는 것이 좋습니다. 그래야 사람들이 자신의 답변과 옵션을 볼 수 있으니까요.

마지막이지만 중요한 콘텍스트 내 입력^{in-context input}에 대하여 알아봅시다. 콘텍스트 내 입력을 이용하면 사용자가 큰 힘을 들이지 않아도 신속하게 글을 작성할 수 있습니다. 콘텍스트 내 입력은 사람들이 글을 작성할 수 있는 곳에 바로 인라인^{inline}으로 나타나며, 보통 단일 입력 필드로만 이루어집니다. 예를 들어 쿼라^{Quora}는 현재 화면을 떠나지 않고서도 답변에 바로 댓글을 달 수 있도록 합니다

 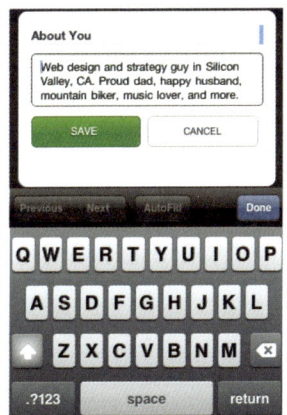

그림 6.16 백체크에서의 프로필 수정은 각 입력을 대신하는 다이얼로그 창을 이용하면 됩니다.

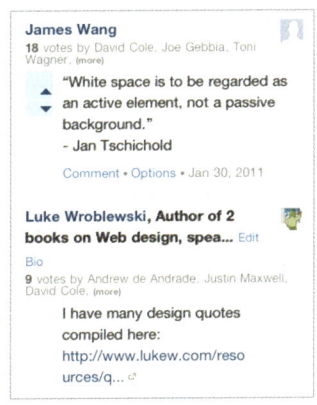 

그림 6.17 쿼라의 모바일 웹 경험에 있는 콘텍스트 내 댓글 폼

(그림 6.17). 이렇게 되면 즉각적으로 글을 작성할 수 있게 되며, 이는 짧은 시간에 모바일 디바이스를 사용하는 사람들의 행태와도 잘 어울립니다.

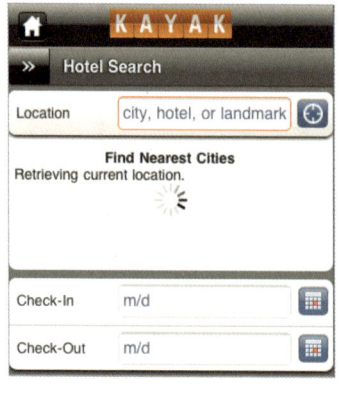 

그림 6.18 카약과 트위터에서 탭 한 번으로 자신의 현재 위치를 가져올 수 있다는 것은 타이핑이 필요하지 않다는 것을 의미합니다.

폼과 입력 필드를 넘어

오늘날의 모바일 디바이스는 입력 필드를 뛰어넘는 기능들로 가득합니다. 위치 탐지 기능, 디바이스 방향, 오디오 입력, 비디오 입력, 근거리 무선 통신 등을 비롯한 많은 기능은 사람들에게 폼 입력을 위해 타이핑하지 않고도 참여하고 정보를 제공할 수 있도록 합니다.

자세한 설명을 위해 위치 탐지 기능을 살펴보겠습니다. 여러분은 카약에서 호텔을 예약할 때 키보드를 사용해서 위치를 입력할 수도 있고, 입력 필드 오른쪽에 있는 아이콘을 탭해서 여러분의 현재 위치 정보를 이용할 수도 있습니다. 이와 유사하게 트위터는 탭 한 번으로 당신의 게시물에 위치를 첨부할 수 있게 하고 있습니다(그림 6.18). 타이핑이 필요 없는 거죠.

이 범주의 다른 쪽에는 구글 고글Google Goggles이 있습니다. 이 애플리케이션은 모바일 디바이스의 내장 비디오 카메라를 이용해 제품이나 와인, 예술 작품, 랜드마크를 식별합니다. 이 기능으로 명함의

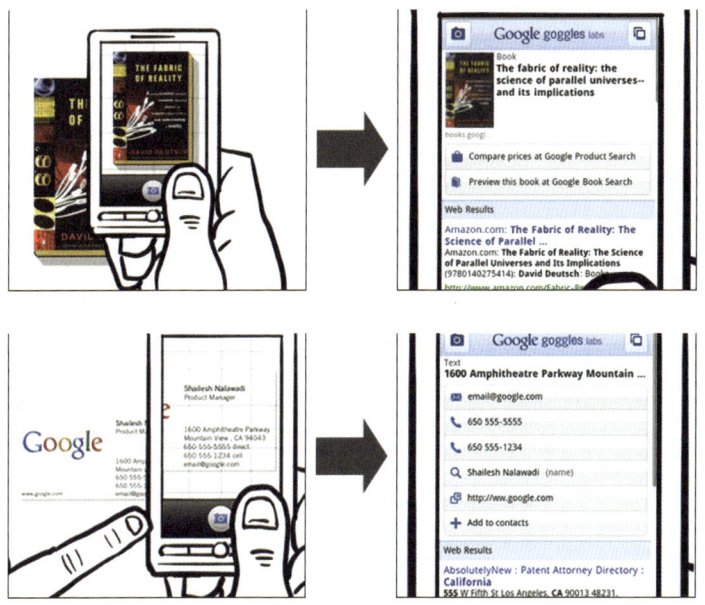

그림 6.19 구글 고글은 입력 방식으로 모바일 디바이스의 비디오 카메라를 사용합니다.

정보를 읽어 들일 수 있고, 외국어를 번역할 수도 있습니다(그림 6.19). 여러분이 폼을 완성하기 위해서 열심히 타이핑해야 이룰 수 있는 일들을 구글 고글은 그저 카메라를 갖다 대기만 하면 해결해주는 것입니다.

근거리 무선 통신(NFC; Near Field Communication)은 이를 한 걸음 더 나아가게 합니다. 전자태그(RFID)[2]를 인식할 수 있는 모바일 디바이스를 자그마한 디지털 바코드 digital barcode가 있는 물건 주변에 가까이 대기만 하면 이를 인식해서 정보를 확인할 수 있습니다. 모

---

2 전자태그(RFID; Radio Frequency ID tags) : 생산에서 판매에 이르는 전 과정의 정보를 초소형 칩(IC칩)에 내장해 이를 무선주파수로 추적할 수 있도록 한 기술

바일 디바이스와 연결시키는 방법치고는 아주 간단하죠. 제품에 대해 더 알고 싶으시다고요? 가까이 갖다 대기만 하면 필요한 모든 정보는 모바일 디바이스가 알아서 가져다줄 것입니다. 어떻습니까? 이만하면 입력 필드와 폼의 한계를 넘어서고 있지 않습니까?

하지만 다시금 현재 웹의 현실을 되돌아볼 필요가 있습니다. 네이티브 모바일 애플리케이션은 오디오와 비디오, (가능한 지역에서는) NFC 등에 접근할 수 있게 해주는 디바이스 API[3]에 접근할 수 있습니다. 웹 브라우저에서는 카메라와 NFC 접속을 위해 만들어지고 논의되고 있는 많은 표준이 있지만 아직까지는 폭넓게 지원되는 것은 아닙니다. 하지만 과거에도 그랬던 것처럼 이 책이 인쇄되고 있는 지금도 모바일 웹 브라우저에는 새로운 기능들이 도입되고 있을 것입니다. 그러므로 조바심 낼 필요는 없습니다. 디바이스 API도 곧 사용할 수 있을 테니까요.

좋아! 가는 거야!

수년간 사람들이 모바일 디바이스에 매달려온 것은 사실이지만, 모바일 디바이스에서의 입력은 거의 무시되어왔습니다. 그러나 지금은 디바이스의 기능이 향상되었고 네트워크는 빨라졌으며, 사람들의 공유 욕구도 증가했습니다. 때문에 모바일에서의 입력은 무시할 수 없는 기회가 되었습니다.

- 사용자가 모바일 디바이스를 통해 콘텐츠를 만들어 내고 소통할 수 있도록 적극적으로 입력을 활성화하세요.

---

3 디바이스 API(device API) : 브라우저가 웹 앱에서 단말기 카메라, 마이크, 가속도계 센서와 구성 요소를 조작할 수 있게 하는 것

- 여러분의 질문이 모바일에 최적화된 레이블로 명확하게 제시되었는지 확인하세요.
- 여러분의 디자인에 입력 타입, 입력 속성, 입력 마스크를 적합한 곳에 적절히 사용해 모바일 디바이스에서 정확한 입력을 해야 할 때 생기는 골칫거리를 제거하세요.
- 사용자 정의 입력 컨트롤의 사용을 고려하세요. 사람들이 힘들이지 않고 정확한 답변을 입력하는 데 진정으로 도움이 될 것입니다.
- 일련의 입력 집합과 비선형적인 업데이트, 콘텍스트 내 입력을 상황에 맞게 적절히 배치하세요.
- 새로운 방식으로 입력하는 모바일 디바이스의 기능을 이용해보세요.

지금까지 모바일에서의 구성과 액션, 입력에 대해 알아봤으니, 이제 이 모든 요소가 실행되는 디바이스의 다양성에 대해 다뤄보도록 합시다. 바로 다음 장에서 다룰 내용인 '레이아웃'입니다.

> # 레이아웃

웹디자인에 대해 알고 있는 것을 바탕으로 지금까지 우리가 데스크톱에서 해왔던 구성, 액션 및 입력을 모바일에 적절하게 적용하면 모바일 디바이스에서도 활용할 수 있습니다. 하지만 그것이 지금의 너무도 많은 모바일 디바이스를 비롯해 가까운 미래, 즉 다음 달에 (내년까지도 필요 없습니다) 출시될 디바이스에서도 사용할 수 있다는 것을 어떻게 확신할 수 있을까요?

- 모바일은 당분간 무서우리만치 빠른 속도로 변할 것이라는 사실을 받아들이세요.
- 유연하고 가변적인 반응형 레이아웃[1]을 만드세요.

1 반응형 레이아웃(responsive layout) : 태블릿 PC를 비롯한 다양한 모바일 디바이스에서 각각의 해상도에 맞는 UI로 레이아웃을 변형해 보여줌으로써 사용자에게 최상의 모바일 경험을 제공하는 기술

- 모바일 브라우저에 꼭 맞는 디자인을 만드세요.
- 디바이스 경험 간의 경계를 명확히 하세요.
- 가능한 한 꼭 필요한 것만으로 줄이세요.

변함없는 것은 오직 '변화'뿐입니다

이 책을 구상하고 쓰는 동안에도 모바일 산업은 여러 차례에 걸쳐 엄청나게 변화했습니다. 모바일 플랫폼을 선도하는 리더들은 엉덩이를 자리에 붙일 새가 없을 정도였죠. 새로운 기능과 제약 사항을 가진 디바이스가 속속 출시되었습니다. 디바이스 제조업체와 모바일 플랫폼 벤더, 네트워크 통신 업체 간의 새로운 파트너십이 발표되었습니다.

믿고 의지할 데라고는 변화뿐인 모바일 세상에 오신 것을 환영합니다. 지금도 모든 것이 끊임없이 변하고 있지만, 꽤 오랫동안 지속되어 온 모바일 디바이스 트렌드가 있습니다. 그것은 바로 프로세서는 더욱 강력해지고 있고, 네트워크는 더욱 빨라지고 있으며, 터치스크린 인터페이스가 널리 쓰이게 되고, 웹 브라우저는 점점 나아지고 있다는 것입니다. 그러므로 저는 이 책에서 이러한 트렌드에 대한 디자인 원리에 초점을 맞춰왔습니다. 앞으로도 지속될 수 있는 디자인 원칙을 알려주고자 하는 저의 최선의 노력에도 불구하고 변화는 다가오고 있습니다.

이쯤에서 질문 하나 하겠습니다. 웹디자이너는 무엇을 해야 할까요? 끊임없이 변하는 불안정한 바다에서 휩쓸려버리는 것? 아니, 그 반대에 가깝습니다. 상황은 계속해서 거칠고 황량한 서부시대 같을 테니 여러분은 카우보이가 되어야 합니다. 위험을 무릅쓰고, 새로운 시도를 하고, 아직은 디바이스와 브라우저와 웹 사이의 경계선이 완전히 그어진 것이 아니라는 사실을 받아들이세요.

이를 명심하고 이제 말에 올라타볼까요? 시중에 나와 있는 다양한 디바이스를 소 몰 듯 한번 몰아보려면 모바일 레이아웃 기술을 어떻게 사용해야 할지 이야기해보도록 하겠습니다.

그들을 위해 우리가 있습니다

효과적인 모바일 레이아웃을 만들어내기 위해 우리가 할 수 있는 가장 중요한 일은 우리가 모바일 웹 브라우저에 대해 이해하고 그에 맞춰 공들여 디자인하는 것입니다. 그리고 모바일 웹 브라우저에 그 사실을 알려줘야 하고요. 코드에 관한 것은 건드리지 않겠다고 약속했지만, 메타 뷰포트 태그meta viewport tag를 알아두면 모바일 웹 경험을 디자인하는 데 정말 유용하므로 이것 하나만 언급하도록 하겠습니다.

```
<meta name="viewport" content="width=device-width">
```

뷰포트와 모바일 개발에 대해 광범위하게 저술해온 피터-폴 콕의 말을 인용하겠습니다(http://bkaprt.com/mf/56).

레이아웃 뷰포트는 일반적으로 벤더 업체가 결정한 너비에 맞추어 데스크톱 사이트를 보는 데 최적화된 것으로 받아들입니다. 메타 뷰포트를 device-width로 설정하면 여러분이 만든 사이트의 너비를 사용자가 보고 있는 디바이스에 맞게 최적화할 수 있습니다.

뷰포트를 사용하면 픽셀 밀도pixel density의 차이를 관리할 수 있습니다. 픽셀 밀도(ppi)는 특정한 치수 안에 가로 및 세로로 들어가는 전체 픽셀의 개수를 조사하여 화면 해상도를 측정하는 것입니다.

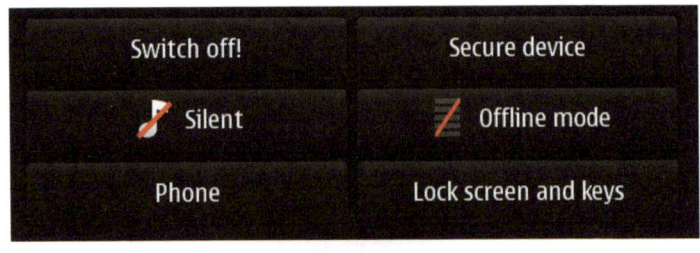

그림 7.1 픽셀 밀도(PPI)에서 큰 차이가 나면 실제 보여지는 이미지 크기도 극적으로 변합니다. 위는 애플 시네마 디스플레이(94ppi), 아래는 노키아 N900(266ppi)

애플의 초창기 아이폰에는 3.5인치 스크린에 320×480픽셀이 들어가 있었는데, 픽셀 밀도로는 164ppi였습니다. 구글의 넥서스원Nexus One은 3.7인치 스크린에 480×800픽셀이었으며 이는 252ppi를 의미합니다. 왜 이런 차이가 생긴 걸까요?

픽셀 밀도는 화면에서 크고 작은 요소들이 실제로 어떻게 나타나는지에 영향을 미칩니다. 픽셀 밀도가 높다는 것은 각 픽셀의 실제 크기가 작다는 것을 의미하죠. 애플의 시네마 디스플레이Cinema Display에 있는 여러 버튼을 생각해보세요. 이 디바이스의 ppi는 약 94ppi로, 많은 데스크톱 컴퓨터에 공통으로 적용되는 수치입니다. 같은 픽셀을 픽셀 밀도가 266ppi인 노키아 N900에서 본다면 그 차이점을 분명히 느끼실 것입니다. 크고 또렷하게 보이던 버튼이 노키아에서는 작아서 이제 거의 보이지 않을 것입니다(그림 7.1).

서로 다른 픽셀 밀도를 가진 디바이스를 위해 디자인할 때 위와 같은 차이가 문제가 될 수도 있습니다. 하지만 웹에서는 모바일 브라우저가 사용하는 뷰포트 너비가 이 문제를 관리하는 데 도움을 줄 수 있습니다. 피터-폴 콕이 지적한 대로(http://bkaprt.com/mf/56)

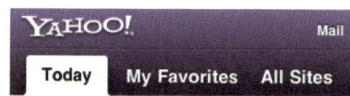

그림 7.2 픽셀 밀도가 두 배가 되자 야후!의 로고 이미지의 모서리가 희미하고 들쭉날쭉하게 보입니다.

애플의 최초 아이폰(164ppi)도, 구글의 넥서스원(252ppi)도, 아이폰 4(329ppi)도 모두 320픽셀이라는 같은 `device-width`를 사용하기 때문입니다.

    이를 인지하고 뷰포트를 사용하면 시중에 나와 있는 다양한 픽셀 밀도를 가진 디바이스에 일관성을 가지고 레이아웃을 적용할 수 있는 이점이 있습니다. 그래도 여전히 손을 좀 봐줘야 하는 부분이 있는데요, 바로 고해상도 이미지입니다. 브라우저에서 렌더링한 컨트롤, 텍스트 및 시각적 요소[visual elements]와는 달리 이미지 파일은 높은 픽셀 밀도를 가진 화면에 맞춰 자동 조절되지 않습니다. 픽셀 밀도가 높으면 크기는 정확하게 렌더링 되지만 선명도나 명확도가 떨어지겠죠(**그림 7.2**).

    이를 처리하기 위해서는 이미지가 두 세트 필요합니다. 하나는 크기가 큰 (해상도가 두 배인) 이미지이고, 나머지 하나는 표준 해상도인 이미지입니다. 그다음에는 웹 브라우저에 이렇게 명령하는 것입니다. (CSS3 미디어 쿼리[media queries]와 자바스크립트, 혹은 서버 사이드 스크립트[server-side script]를 사용해서) 고해상도의 디스플레이를 가진 디바이스에서는 더 높은 해상도의 그래픽만 포함하라고 말입니다(http://bkaprt.com/mf/57).

이미지를 두 세트씩이나 유지 관리하고 싶지 않다면(누가 그러고 싶겠어요?) 모바일 웹의 시각적 디자인을 위해서는 CSS에 더 많은 것을 맡겨야 합니다. 야후!의 디자인(그림 7.2)에서 보이는 그레이디언트Gradients와 둥근 모서리rounded coners는 CSS3를 사용해 렌더링한 것이며, 고해상도와 저해상도 스크린 어디서나 보기가 좋습니다. 여러분은 이미지를 여러 장 관리할 필요가 없고, 사용자로서는 당연히 그 이미지를 다운로드할 필요가 없죠.

그레이디언트라든가 둥근 모서리 같은 CSS3 속성을 지원하지 않는 모바일 브라우저에서는 단색의 배경과 각진 모서리 같은 기본 설정으로 돌아가게 됩니다. 아무런 해를 끼치지 않죠.

하지만 CSS3 효과를 너무 많이 쓰면 성능이 약화될 수도 있다는 것을 꼭 알아두세요. 과도한 섀도shadow나 그레이디언트는 일부 디바이스에서 렌더링 속도 저하를 일으킬 수 있습니다. 이 문제는 최근 점점 빨라지는 렌더링 엔진이 해결해주고 있으므로 아마 곧 이슈거리도 안 될 것입니다. 그래도 조심할 필요는 있습니다!

유동적이고 유연하게 반응하기

서로 다른 픽셀 밀도를 가진 일부 모바일 디바이스는 공통의 뷰포트 너비를 사용한다는 사실에도 불구하고 모바일 웹에서 단일 너비에만 의지할 수는 없습니다. 모든 모바일 디바이스가 320픽셀의 너비를 사용한다고 하더라도 이 디바이스 중 하나가 디바이스 방향을 바꾼다면 또 다른 너비를 사용해야 하는 것입니다.

이러한 문제를 해결하고 새로운 너비의 디바이스가 등장할 때를 대비하여 레이아웃은 굉장히 유연해져야 합니다. 이를 유동성fluid이

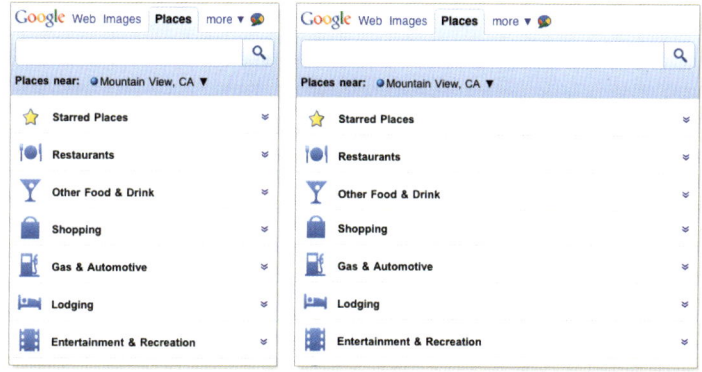

그림 7.3 구글 플레이스의 모바일 웹 경험은 다양한 스크린 너비에 맞추기 위해 유연한 레이아웃을 사용합니다.

라 부르건 유체성liquid이라 부르건 혹은 유연성flexible이라 부르건 간에, 어쨌든 사용 가능한 화면 크기에 따라 늘어나기도 하고 줄어들기도 하는 디자인이 꼭 필요합니다. 유동적 레이아웃에서 인터페이스 요소는 구글 플레이스Google Place에서 보이는 검색 상자와 메뉴 아이템처럼 공간에 맞추어 디자인되어야 합니다(그림 7.3). 유연한 레이아웃은 필수이기도 하지만, 사실 이것은 겨우 시작에 불과합니다.

반응형 디자인responsive design

스크린 크기의 차이가 벌어지면서 유연한 레이아웃도 한계에 다다르게 되었습니다. 너비가 각각 768픽셀과 320픽셀인 디바이스의 레이아웃에 대하여 생각해보세요. 달라진 너비에 맞추기 위해 인터페이스를 늘이는 것 말고 할 수 있는 것이 또 있을까요? 어쨌거나 디바이스 너비가 768픽셀인 디바이스는 두 배 반이나 더 큰 공간을 가지고 있는 건데 말이죠! 이제 반응형 웹디자인responsive web design이

나설 차례입니다.

유동형 레이아웃fluid layouts, 유연한 미디어flexible meda, CSS3 미디어 쿼리, (때에 따라) 약간의 자바스크립트를 사용하는 반응형 웹디자인은 더욱 의미 있는 방식으로 웹을 디바이스에 맞출 수 있게 해줍니다. 여러분은 반응형 웹디자인으로 모바일 우선의 기준치를 설정할 수 있고, 이후 디바이스의 기능이 변함에 따라 레이아웃을 점진적으로 향상하거나 적용할 수 있습니다.

이는 해상도 브레이크 포인트break point [2]를 설정하고 여기에 각기 다른 레이아웃 규칙과 미디어 에셋assets을 각각 적용함으로써 완성할 수 있습니다. 브레이크 포인트는 쉽게 설명하면 디바이스의 너비가 최소한 600픽셀과 같은 특정한 기준을 충족하는지를 확인하는 조건문으로 생각하면 됩니다. 조건이 참true일 때 브라우저는 또 다른 레이아웃 규칙을 적용하는데, 일반적으로 CSS를 사용하지만 때로는 자바스크립트를 사용하기도 합니다(이 주제에 대한 구체적인 내용은 이 책의 시리즈 제4권인 이단 마콧Ethan Marcotte의 훌륭한 책《반응형 웹디자인Responsive Web Design》에서 찾아볼 수 있습니다: http://bkaprt.com/rwd).

이러한 레이아웃 규칙은 요소의 위치를 바꾸는 것, 이미지의 크기를 조정하는 것, 혹은 요소를 제거하는 것을 모두 포함할 수 있습니다. 그 변화가 지나칠 필요는 없지만 감지하기 어려워서도 안 됩니다(그림 7.4). 다른 해상도의 브레이크 포인트로 넘어갈 때 레이아웃은 사용할 수 있는 공간을 최대한 활용하는 방향으로 조정됩니다.

따라서 반응형 웹디자인을 사용하면 하나의 웹 페이지로 다양한 스크린 크기에 맞게 조정할 수 있습니다. 하지만 디바이스에 따라 차이 나는 것이 스크린 크기만은 아니죠.

---

2 브레이크 포인트(break point) : 해상도 분기점, 반응형 디자인에 제공할 수평 너비 값

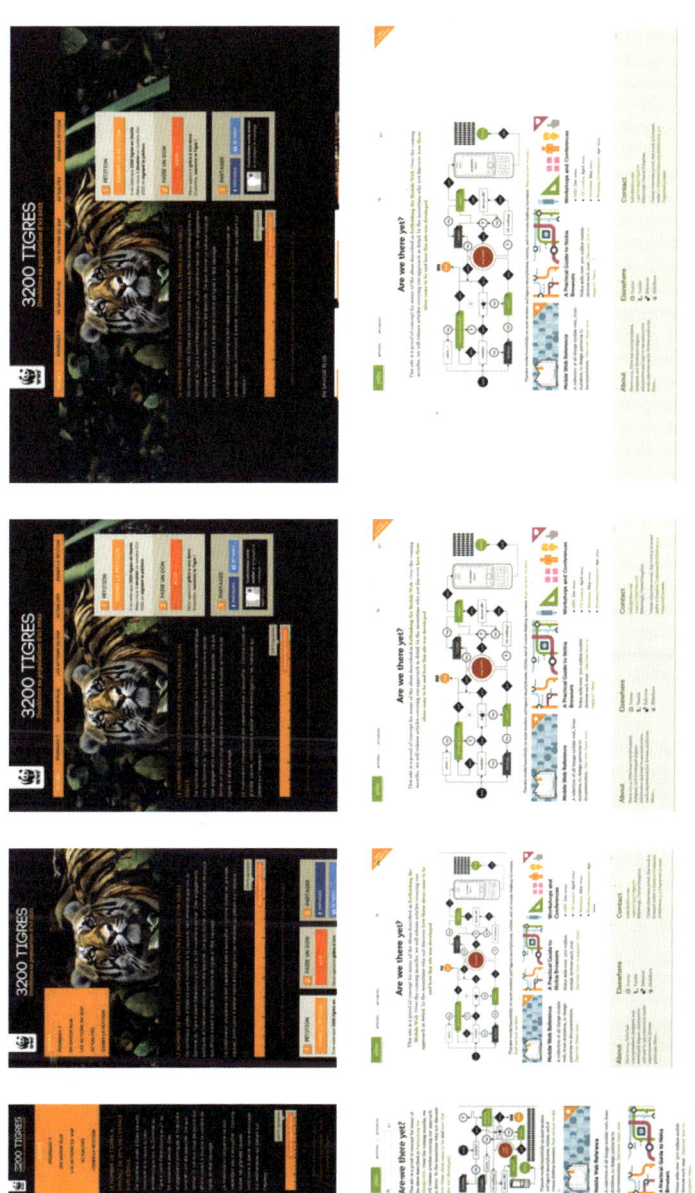

그림 7.4 3200 타이그레스3200 Tigres와 이부Yiibu 사이트에서 반응형 웹디자인을 적용한 화면

디바이스 경험 device experiences

디바이스는 서로 다릅니다. 그 이유는 각각 기술력이 다르고 한 계점이 다르다는 점도 있지만, 사람들이 디바이스를 각기 다른 방법으로 사용하고 있기 때문이기도 합니다. TV, 데스크톱/노트북, 태블릿, 스마트폰 그리고 피처폰 간의 차이를 생각해보세요. 각 디바이스를 경험할 때는 그것만의 고유한 특징이 있습니다.

- 사용자의 일반적인 자세 : 3m 길이의 소파에 기대앉기, 책상에서 장시간 사용하기, 간단한 소파나 침대 이용하기, 온종일 다양한 장소에서 갑자기 사용하기
- 주된 입력 방식 : 리모트 컨트롤/제스처, 마우스/키보드, 터치/센서, 키패드
- 평균 디스플레이 크기 : 벽 크기, 책상 크기, 무릎에 올라갈 만한 크기, 손바닥 크기 혹은 그보다 작은 크기

이렇게 서로 다른 점들이 어떻게 조합되는가에 따라 어떤 디바이스 경험이 되는지를 '정의'할 수 있을 정도로 이 콤비네이션은 중요합니다. 그리고 서로 다른 디바이스 경험을 위해서는 서로 다른 UI 디자인 솔루션이 필요할 수 있습니다. 다양한 입력 모드와 평균 디스플레이 크기를 담기 위해 레이아웃과 상호작용 디자인이 필요한 것처럼, 주요 과제 primary task 의 상대적 중요성은 사용자의 자세 때문에 디바이스 경험에 따라 다를 수 있습니다.

그 결과 많은 웹 애플리케이션은 특별한 디바이스 경험을 위해 시간을 들여 자신만의 솔루션을 디자인하고 개발합니다. 예를 들어 영화 스트리밍 서비스인 넷플릭스 Netflix 는 TV, 태블릿, 데스크톱 웹 브라우저와 모바일 디바이스를 위한 고유한 HTML5 솔루션을

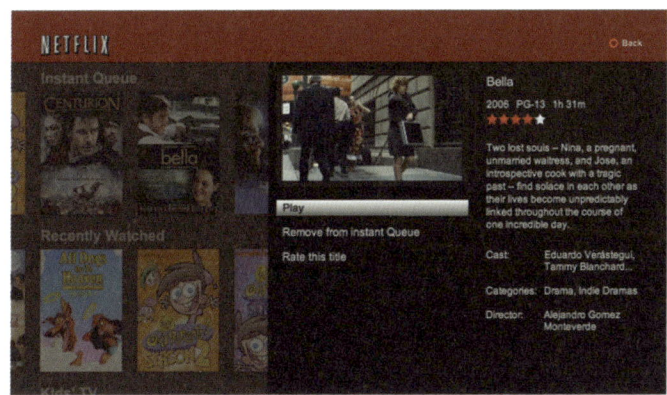

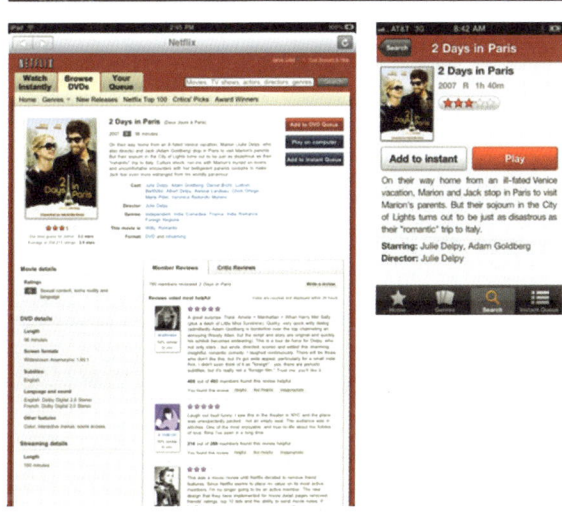

그림 7.5 넷플릭스는 플레이스테이션3, 아이폰, 아이패드 모두에서 동일한 웹 기술을 사용해 만들어졌지만, UI는 각각의 고유한 디바이스 경험에 맞게 디자인되었습니다.

가지고 있습니다(그림 7.5). 이렇게 하려면 다양한 인터페이스를 유지 관리하는 한편, 각각의 인터페이스는 사용자의 자세와 입력 방법, 그리고 개별 디바이스의 종류에 맞는 평균 디스플레이 크기에 최적화되어야 합니다.

하나의 UI가 여러 디바이스 경험에서 작동할 수는 있지만, 모든 디바이스 환경에서 작동하는 하나의 인터페이스를 개발하느라 그저 적당한 절충안이 되거나 기능이 빈약해지는 결과를 낳을 수도 있습니다. 이런 방식으로는 각 디바이스가 가지고 있는 특별한 경험 요소의 혜택을 볼 수가 없습니다. 반대로 성능이 낮은 디바이스에 맞추느라 다양한 기능을 가진 솔루션이 작동하지 않는 경우도 있습니다.

말하자면 TV에서 피처폰에 최적화된 텍스트 목록을 브라우징할 수는 있겠지만, 이런 방식으로 쓰고 싶어 하는 사람은 없을 것입니다. 반대로 태블릿에 최적화된 웹 애플리케이션을 데스크톱 웹 브라우저에서 써보면 약간 썰렁해 보인다는 느낌을 받을 수도 있겠죠. 왜냐하면, 작은 크기의 디스플레이에 맞게끔 액션의 수는 줄고, 터치 기반에서 상호작용하기 편하도록 액션의 크기는 커졌기 때문입니다. 이 인터페이스는 데스크톱 컴퓨터 사용자의 자세라든가 데스크톱에서의 입력 방식, 디스플레이 크기에는 최적화되어 있지 않지만, 기능적인 면에서 문제없이 제대로 작동됩니다.

또한, 디바이스 경험은 반응형 웹디자인 솔루션이 각 브레이크 포인트에서 어떻게 보이는지 뿐만 아니라 기능에 맞게 잘 동작하는지를 알아보는 데도 큰 도움이 됩니다. 레이아웃과 미디어 에셋을 조정하여 사용 가능한 스크린 공간을 최대한 활용하고 적절한 크기의 터치 대상과 같은 특정한 입력 기능을 최적화할 수 있습니다.

반응형 웹디자인, 유연한 인터페이스 그리고 디바이스 경험에 최적화된 디자인을 적절히 조합하세요. 그러면 여러분이 디자인한 모바일 웹 경험을 지금의 모바일 디바이스는 물론이고 더 많은 디바이스에서 잘 작동되도록 할 수 있습니다.

그런데도 여전히 한 가지가 남았네요.

줄이세요

 혹시 이 책에서 분명하게 밝히지 못했을까 봐 다시 한번 말씀드리자면 줄이는 것이 모바일에서 사용할 수 있는 최고의 레이아웃이라는 것입니다. 우리는 정확도가 높지 않은 손가락에도 잘 반응하는 터치 대상을 만들기 위한 공간을 만들어야 합니다. 반응형 웹디자인으로 다양한 스크린 크기와 해상도에 맞춰야 합니다. 콘텐츠와 기능이 변화하고 성장함에 따라 고유한 디바이스 경험 솔루션을 유지 및 관리해야 합니다.

 신경써야 할 변수를 줄이고 사용자가 고민하고 실수하지 않게 선택 사항을 줄이면 스크린에 덜 집착하게 됩니다. 여러분이 만든 모바일 레이아웃 전반에 걸쳐 꼭 필요한 것만 최소한으로 가져가는 것을 목표로 하세요. 그래야 사용자가 필요로 하는 것을 쉽게 제공할 수 있습니다. 정보를 찾을 때건, 탐색하며 시간을 보낼 때건, 중요한 업데이트를 확인할 때건, 콘텐츠를 작성하거나 편집할 때건 상관없이 말이죠.

 이렇게 줄이고 또 줄이면 모바일 레이아웃을 쉽게 만들 수 있고, 사용자에게 작업에 집중할 수 있는 방법을 제공할 것입니다. 고객으로부터 여러분의 데스크톱 웹 경험을 모바일 웹 경험처럼 더욱 단순하고 쓰기 쉽게 만들어달라는 요청을 받았다면, 지금 잘하고 계신 것입니다.

모바일 지형 레이아웃하기

 모바일 환경은 계속해서 변합니다. 그래서 우리는 디바이스 경험 간의 큰 차이부터 스크린 크기와 디바이스 방향 간의 작은 차이까지 빈틈 없이 잘 맞는 레이아웃을 준비해두어야 합니다.

- 모바일의 급격한 변화 양상이 당분간 계속될 것이라는 점을 받아들이세요.
- 메타 뷰포트 태그를 사용해 여러분이 모바일 브라우저를 고려하며 디자인한다는 사실을 알려주세요.
- 고해상도 이미지를 지원하는 디바이스에서 쓸 수 있는 이미지를 만들어 화면 밀도의 차이를 고려하세요.
- 유연한 반응형 레이아웃을 사용해 다양한 디바이스에 대처하세요.
- 여러분이 만든 반응형 웹디자인 혹은 서버 사이드 솔루션에서 디바이스 경험 간의 차이를 고려하세요.
- 여러분 자신과 고객을 위해 웹사이트와 애플리케이션에 필요한 기능을 최소화하여 복잡한 것을 줄이세요.

이 장에서는 끝없이 늘어나는 디바이스를 아우르는 레이아웃을 관리하는 데 필요한 여러 가지 기술을 다루었습니다. 이는 앞으로도 더 늘어날 전망입니다. 모바일이 계속해서 성장하고 있고 '이동성을 가진mobile' 디바이스란 무엇인가에 대한 정의가 무의미해지고 있기 때문에 레이아웃을 다루는 새로운 기술 역시 계속해서 나오리라 기대합니다.

그러니 계속 지켜보자고요.

에필로그

이 시점에서 저는 모바일 우선주의 전략으로 디자인하고 구축하는 작은 아이디어가 여러분에게 웹 세상을 위한 크고 많은 아이디어를 제공했기를 바랍니다. 오늘날의 모바일 디바이스는 진정한 의미의 개인용 컴퓨터가 되었습니다. 언제나 우리와 함께 있습니다. 네트워크에 연결되어 있으며, 새로운 기능으로 가득 차 있습니다. 다른 이와 소통할 수 있고, 때로는 그저 심심한 시간을 때울 때 사용할 수도 있습니다. 이렇게 개인적이며 휴대할 수도 있는 디바이스를 우선으로 떠올리며 작업을 시작한다면, 우리는 다음과 같은 일들을 이룰 수 있을 것입니다.

- 모바일 인터넷 사용이 급증하고 있는 상황을 기회로, 사람들이 우리의 웹사이트와 애플리케이션을 사용할 수 있는 새로운 방법을 찾아보세요.
- 우리가 디자인해 구축하고 있는 서비스에 집중하고 우선 순위를 정할 수 있도록 모바일 디바이스의 제약 사항을 받아들이세요.
- 완전한 고객 경험을 혁신하기 위해 모바일 디바이스가 가진 기능을 활용하세요.
- 웹디자인에 대해 이미 알고 있는 것을 기반으로 모바일의 구성, 액션, 입력과 레이아웃에 대해 새롭게 생각해보세요.

여기서 더 많은 것이 필요한 건 아닙니다만, 이 글을 마치기 전에 여러분에게 도움이 될 만한 몇 가지 팁을 드리고자 합니다.

- 할 수만 있다면 언제든지 여러분이 만든 디자인과 코드를 실제 모바일 디

바이스에서 테스트해보세요. 시뮬레이터와 데스크톱 브라우저가 실물을 대체할 수는 없습니다.

- 다양한 모바일 디바이스를 다 손에 넣을 수 없다면 근처에 있는 모바일 디바이스 매장에 가서 전시품으로라도 모바일 웹 경험을 해보세요.
- 첫째도 프로토타입, 둘째도 프로토타입, 셋째도 프로토타입입니다. 여러분이 모바일 웹 경험을 빨리 하면 할수록 그것이 실제 상황에서 어떻게 작동하는지 더 빨리 알게 될 것입니다.

마지막으로 정말 중요한 이야기입니다. 작게 시작하는 걸 두려워하지 마세요. 오늘날 모바일 업계에서 큰 성공을 거둔 사례를 보면 열정적인 웹디자이너와 개발자가 모여서 시작한 작은 실험에서 비롯된 것이 종종 있거든요. 모바일의 모든 것을 알아야 할 필요는 없습니다. 현재 알고 있는 것을 확실히 챙기고, 시작하세요.

감사의 글

아무리 얇은 책이라고 해도 책을 쓴다는 것은 큰일입니다. 감사하게도 제가 여기까지 올 수 있도록 많은 분이 도움을 주셨습니다. 제프리 젤드먼Jeffrey Zeldman과 에릭 메이어Eric Meyer, 그리고 언 이벤트 어파트An Event Apart의 모든 직원이 멋진 웹 콘퍼런스에서 제게 모바일 우선주의를 주제로 이야기할 수 있는 최초의 기회를 주셨죠. 그곳에서 시작해 다른 곳에서도 저는 모바일 우선주의에 관한 아이디어를 발표했고, 매우 소중한 피드백과 질문을 접했습니다. 이것은 책 속 내용의 구조를 잡고 다듬는 데 큰 도움이 되었습니다.

또한 추가적인 세부 피드백과 훌륭한 아이디어를 풍성하게 제공해 주신, 존경하는 기술 자문단 여러분이 계십니다. 브라이언Bryan Rieger과 스테파니 리거Stephanie Rieger, 제이슨 그럭스비Jason Grigsby, 크레이그 빌라모어Craig Villamor, 피터-폴 콕Peter-Paul Koch, 조시 클락Josh Clark, 그리고 이단 마콧Ethan Marcotte에게서도 약간(이지만 아주 큰) 도움을 받았습니다. 책을 쓰는 데 있어서는 듣는 것이 쓰는 것만큼이나 필수적인데, 저는 몇 년에 걸쳐 이분들의 이야기를 듣느라 많은 시간을 보냈습니다.

아이디어를 실제 글로 풀어내야 할 때가 왔을 때 어 북 어파트A Book Apart 팀이 도움을 주었습니다. 편집자인 맨디 브라운Mandy Brown, 교열 담당자 크리스타 스티븐스Krista Stevens, 탁월한 디자이너 제이슨 산타 마리아Jason Santa Maria, 그리고 우리의 대장이신 제프리 젤드먼Jeffrey Zeldman과 함께 일하는 것은 정말이지 즐거운 경험이었습니다.

그럼에도 제 아내 아만다Amanda의 헌신적인 지원이 없었다면 그 어느 것도 가능하지 않았을 것입니다. 우리의 젖먹이 딸, 두 살배기

아들, 새롭게 시작한 회사, 그리고 끝없는 여행 일정에도 불구하고 책을 쓰기로 결심했을 때, 제가 미친 게 아니라는 것을 믿어준 유일한 사람이 아만다였습니다. 이 책을 그녀에게 바칩니다.

도움이 되는 자료

더 많은 자료가 필요하다면

저에게 모건 스탠리Mogan Stanley의 모바일 인터넷 보고서Mobile Internet Report는 엄청난 양의 보충 자료와 정보의 원천이었습니다. 이 보고서는 모바일 산업계의 큰 흐름에 관한 수백 장에 걸친 각종 데이터로 가득합니다.

모바일 인터넷 보고서의 수석 저자였던 메리 미커Mary Meeker는 클라이너 퍼킨스Kleiner Perkins에서 새로운 역할을 수행하면서 얻은 더 많은 정보를 발표하고 있습니다(http://bkaprt.com/mf/59).

더 많은 모바일 마켓 정보와 자료를 원하신다면 아심코Asymco에 게재된 호레이스 데디우Horace Dediu의 논문과 조언을 놓치지 마세요 (http://bkaprt.com/mf/60).

저 역시 매주 월요일 블로그에 모바일 컴퓨팅을 비롯한 디자인 관련 데이터를 게시하고 있습니다(http://bkaprt.com/mf/61).

모바일 우선주의 개발에 관해

이 책은 모바일 우선주의 기반의 웹 개발에 대해서는 깊이 다루고 있지 않습니다. 이를 다루고 있는 책을 좀 소개해드리겠습니다.

브라이언과 스테파니 리거는 자신들의 사이트 이부Yijbu를 구축한 경험을 이야기하고 있는데요, 어떻게 해서 마크업과 스타일 시트, 콘텐츠 개발을 다루게 되었는지 개략적으로 설명해 보여주고 있습니다(http://bkaprt.com/mf/62).

이단 마콧의 저시 《반응형 웹디자인Responsive Web Design》은 유연한 그리드flexible grids와 유연한 이미지flexible images, 미디어 쿼리를 사용해 웹사이트 레이아웃을 다양한 디바이스에 두루 적용할 수 있는 방법을 개략적으로 설명하고 있습니다(http://bkaprt.com/rwd).

블로그 〈더 클라우드 포The Cloud Four 〉에서는 모바일 디바이스와 웹의 교차점에 대한 훌륭한 기사를 많이 볼 수 있습니다(http://bkaprt.com/mf/63).

쟁점들

기술과 디자인의 모든 것이 논쟁의 대상이 됩니다. 모바일도 예외는 아니죠. 지금도 여전히 논쟁 중인 골치 아픈 이슈 몇 가지를 정리해보았습니다.

네이티브 모바일 애플리케이션 vs. 모바일 웹 솔루션: 각기 유의미한 때는 언제이며, 그 이유는 무엇인가? (http://bkaprt.com/mf/64, http://bkaprt.com/mf/65)

우리는 진정으로 디자인을 모바일이라는 맥락 속에서 이해할 수 있을까요? 제이슨 그릭스비는 이 이슈를 정리하는 한편, 이와 관련한 많은 기사의 링크를 제공합니다(http://bkaprt.com/mf/66).

마지막이지만 중요한 이슈인데요. 독립된 모바일 웹 페이지가 좋을까요, 아니면 반응형 웹디자인이 좋을까요? 조시 클락Josh Clark이 "그건 그때그때 달라요"라고 정리하면서 한마디 남겼네요(http://bkaprt.com/mf/67).

참조

본문에 있는 단축 URL을 순서대로 정리했습니다. 해당 긴 URL은 아래 목록에서 확인할 수 있습니다.

(편집자 주: 아래의 링크들은 books.webactually.com/mf/links 에 접속하면 바로 해당 사이트로 연결 되도록 목록을 만들어놓았습니다. 참조 URL은 원서 그대로 표기했습니다. 링크가 삭제되었거나 URL이 변경되었을 수도 있습니다.)

들어가는 글

1. http://www.lukew.com/ff/entry.asp?1270
2. http://www.lukew.com/ff/entry.asp?1226
3. http://www.lukew.com/ff/entry.asp?1225

1장

4. http://www.smartonline.com/smarton-products/smarton-mobile/smartphones-pass-pc-sales-for-the-first-time-in-history/
5. http://articles.businessinsider.com/2011-02-15/tech/29983706_1_tablet-market-pcs-smartphones
6. http://www.comscore.com/Press_Events/Press_Releases/2011/1/Web-based_Email_Shows_Signs_of_Decline_in_the_U.S._While_Mobile_Email_Usage_on_the_Rise
7. http://news.bango.com/2010/02/16/600-percent-growth-in-mobile-web-usage/
8. http://mobithinking.com/mobile-marketing-tools/latest-mobile-stats

9   http://www.morganstanley.com/institutional/techresearch/pdfs/MS_Economy_Internet_Trends_102009_FINAL.pdf
10 http://www.mediapost.com/publications/?fa=Articles.showArticle&art_aid=120590
11 http://www.lukew.com/ff/entry.asp?1361
12 http://www.lukew.com/ff/entry.asp?1269
13 http://techcrunch.com/2010/12/13/google-mobile-searches-grew-130-percent-in-q3/
14 http://www.mobiadnews.com/?p=5133
15 http://www.youtube.com/watch?v=8aaOtVJQcgo
16 http://en.wikipedia.org/wiki/T9_(predictive_text)
17 http://www.cisco.com/en/US/solutions/collateral/ns341/ns525/ns537/ns705/ns827/white_paper_c11-520862.html
18 http://www.comscore.com/Press_Events/Press_Releases/2010/3/Facebook_and_Twitter_Access_via_Mobile_Browser_Grows_by_Triple-Digits
19 http://newsroom.cisco.com/dlls/ekits/Cisco_VNI_Global_Mobile_Data_Traffic_Forecast_2010_2015.pdf
20 http://www.gartner.com/it/page.jsp?id=1466313
21 http://blog.admob.com/2008/12/18/impact-of-new-rim-handsets-storm-rising/
22 http://officialblog.yelp.com/2011/02/via-yelp-mobile-yelpers-call-a-local-business-every-other-second.html
23 http://www.lukew.com/ff/entry.asp?1131
24 http://www.cloudfour.com/links-do-not-open-apps
25 http://blog.twitter.com/2010/09/evolving-ecosystem.html
26 http://danzarrella.com/new-data-on-mobile-facebook-posting.

	html
27	http://www.facebook.com/press/info.php?statistics
28	http://joehewitt.com/post/ipad/

2장

29	https://developer.mozilla.org/en/canvas_tutorial
30	http://www.html5rocks.com/en/tutorials/appcache/beginner/
31	http://googleresearch.blogspot.com/2009/06/speed-matters.html
32	http://blog.compete.com/2010/03/12/smartphone-owners-a-ready-and-willing-audience/
33	http://readitlaterlist.com/blog/2011/01/is-mobile-affecting-when-we-read/
34	http://www.lukew.com/ff/entry.asp?1259

3장

35	http://itunes.apple.com/us/app/nearest-tube/id322436683?mt=8
36	http://stackoverflow.com/questions/1649086/detect-rotation-of-android-phone-in-the-browser-with-javascript
37	http://mail.glustech.com/SnowGlobe/
38	http://thenextweb.com/apps/2010/12/21/hidden-safari-mobile-feature-reveals-augmented-reality-capability/

4장

39	http://www.dmolsen.com/mobile-in-higher-ed/2011/02/07/the-university-home-page-mobile-first/
40	http://xkcd.com/773/

5장

41 http://paidcontent.org/article/419-pontiflex-about-half-of-mobile-app-clicks-are-accidental/

42 http://developer.apple.com/library/ios/#documentation/UserExperience/Conceptual/MobileHIG/Introduction/Introduction.html

43 http://www.lukew.com/ff/entry.asp?1085

44 http://go.microsoft.com/?linkid=9713252

45 http://www.lukew.com/touch

46 http://www.lukew.com/ff/entry.asp?1197

47 http://en.wikipedia.org/wiki/Progressive_enhancement

6장

48 http://www.lukew.com/ff/entry.asp?1198

49 http://mashable.com/2010/08/07/ebay-facts/

50 http://mashable.com/2011/01/07/40-of-all-tweets-come-from-mobile/

51 http://www.lukew.com/ff/entry.asp?691

52 http://www.medien.ifi.lmu.de/pubdb/publications/pub/deluca2007pmc/deluca2007pmc.pdf

53 http://www.lukew.com/ff/entry.asp?1235

54 http://diveintohtml5.org/

55 http://www.quirksmode.org/html5/inputs_mobile.html

7장

56 http://www.quirksmode.org/blog/archives/2010/09/combining_meta.html

57 http://www.lukew.com/ff/entry.asp?1142

참고 자료

58 http://www.morganstanley.com/institutional/techresearch/mobile-internet-report122009.html
59 http://www.slideshare.net/kleinerperkins/kpcb-top-10-mobile-trends-feb-2011
60 http://www.asymco.com/
61 http://lukew.com/ff
62 http://yiibu.com/about/site/index.html
63 http://www.cloudfour.com/category/mobile-web-and-services/
64 http://www.lukew.com/ff/entry.asp?1337
65 http://www.lukew.com/ff/entry.asp?1193
66 http://www.cloudfour.com/on-mobile-context/
67 http://globalmoxie.com/blog/mobile-web-responsive-design.shml

찾아보기

1024×768 **30, 31**
320×480 **30, 34, 138**
3200 Tigres **143**

A

A/B 테스트 **27**
Accelerometer **48-49, 53, 55, 132**
Adobe **11**
Adobe Air **26**
Amazon **36**
American Airlines **117**
Android **23, 26~27, 30, 53, 55, 79, 93, 115**
Appcache **36**
Apple Cinema Display **138**
Aronowitz, Kate **10**
AT&T **18~20**

B

Bada **26**
Bagcheck **75~77, 128-129**
Barnes & Noble **100, 103**
Basecamp **67~68, 70, 112-113**
Blackberry **23, 26-27, 79**
Bluetooth **59**
Boingo **126~127**
break point **142, 146**

C

Canvas **36**
Clark, Josh **66, 151, 154**
Cell tower **51-52**
Cisco **22**
Context **37**
CSS3 **36, 139~140, 142**

D

data traffic **19-21**
device API **132**
device experiences **144~146**
Dive Into HTML5 **121**
diving **41-42**

E

ebay **17, 109**
EDGE **18**
email **121**
ESPN **70-71, 73~74, 83-84, 98~99**

F

Facebook **10, 26, 28, 41, 71~72**
Flickr **32~34, 67~68, 70, 90~91**
Fling, Brian **108**
:focus **104, 118**

G

GestureWorks **93**
Global navigation **77**
Glympse **54**
Gmail **55, 77~78**

160

Google 10, 17, 26, 36, 53, 55, 66
Google Goggles 130-131
Google Place 141
Gowalla 27
GPS 52
Graphical User Interface (GUI) 97
Grigsby, Jason 25, 151, 154
Gyroscope 57, 59

H
Hewitt, Joe 28
Hinman, Rachel 41
:hover 104, 118
HTML5 36, 112, 119~121, 144
HTTP 요청 35

I
Image sprite 35
Information architecture 48, 65
Input masks 122~125
Input type 113, 119-123
Instapaper 56
iPad 40~41, 97, 145
iPhone 19~20, 23, 26, 28, 31-32, 39-40, 42, 51, 56~57, 78~80, 109, 114~115, 138~139, 145
iOS 26-27, 30, 80, 88, 93, 116
(iOS) Human Interface Guidelines 88

J
Java 26
JavaScript 35~36, 76, 104, 122, 139,
142
Jobs, Steve 19

K
Kayak 54, 116~119, 130
Koch, Peter-Paul 120, 137~138, 151

L
Labels 65, 107, 109~113, 125, 127, 133
Latency 35
Location detection 48-52, 59, 109

M
MailChimp 111-112
Magnetometer 48, 50-51
Marcotte, Ethan 142, 151, 153
Media queries 139, 142, 153
Meta viewport tag 137, 148
Microsoft 26, 36, 88~89, 93, 95, 116
Micro-tasking 66-67
MIT Touch Lab 88
Motorola 18-19
Munroe, Randall 68

N
N900 138
Nair, Rahul 51
Native mobile application 24-27, 111
Natural user interface (NUI) 97-98
Nearest Tube 48~50
Near Field Communication (NFC) 59, 130-132

Netflix **144-145**

Nokia **41, 86, 88, 138**

O

Objective C **26**

Olsen, Dave **68**

Opera Mini **22-23, 104**

OS X **93**

P

Pandora **17**

PayPal **17**

Pilgrim, Mark **121**

Pixel Per Inch(PPI) **88, 137-139**

Playstation **145**

Progressive enhancement **105**

Prototype **95, 150**

Q

Quora **89-90, 128-129**

R

Radio frequency ID (RFID) **59, 131**

RAZR **18**

Research in Motion (RIM) **23, 26**

Responsive web design **141-143, 146**

S

Silverlight **26**

Sketch a Search **59-60**

SMS **18, 22, 25**

Snow globe **56**

Southwest Airlines **30-32**

Spinner control **116, 118**

Storm **23**

T

T9 **19**

Tapworthy **66**

Twitter **26, 41, 75, 81-82, 100-101, 110-111, 130**

U

Ubuntu **88**

V

Verizon **23**

Villamor, Craig **92, 151**

W

Wacom Bamboo **93**

WebWorks **26**

WiFi **52**

Willis, Dan **92**

Windows Phone7 **26, 79, 88-89, 93**

Wireframe **94-95**

X

xkcd **68-69**

Y

Yahoo! **36, 58, 60, 139-140**

Yahoo! Mail **80-81, 83-84, 96, 102**

Yelp **24, 53**

Yiibu **143, 153**

Youtube **70-71, 73, 75, 87**

Z

Z3 **18-19**

Zillow **24, 53**

ㄱ

가속도계 **48-49, 53, 55, 132**

고왈라 **27**

구글 **10, 17, 26, 36, 53, 55, 66**

구글 고글 **130-131**

구글 금융 **71-72**

구글 플레이스 **141**

근거리 무선 통신 **59, 130-132**

글로벌 내비게이션 **77**

글림스 **54**

기지국 (삼각 측량) **51-52**

ㄴ

네이티브 모바일 애플리케이션(앱) **24-27**

넷플릭스 **144~145**

노키아 **41, 86, 88, 138**

니어리스트 튜브 **48~50**

ㄷ

다이빙 **41-42**

댄 윌리스 **92**

데이브 올슨 **68**

데이터 트래픽 **19~21**

디바이스 API **132**

디바이스 경험 **144~146**

ㄹ

라훌 네어 **51**

랜달 먼로 **68**

레이블, 레이블링 **65, 107, 109~113, 125, 127, 133**

레이첼 힌만 **41**

리서치인모션 **23, 26**

ㅁ

마이크로소프트 **26, 36, 88~89, 93, 95, 116**

마이크로태스킹 **66-67**

마크 필그림 **121**

메일침프 **111-112**

메타 뷰포트 태그 **137, 148**

모토로라 **18-19**

미디어 쿼리 **139, 142, 153**

ㅂ

바다 (삼성) **26**

반스앤노블 **100, 103**

반응형 웹디자인 **141~143, 146**

백체크 **75~77, 128-129**

버라이즌 **23**

베이스캠프 **67~68, 70, 112-113, 153**

보잉고 **126~127**

브라이언 플링 **108**

브레이크 포인트 **142, 146**

블랙베리 **23, 26-27, 79**

블루투스 **59**

ㅅ

사우스웨스트 항공사 30~32
스노글로브 56
스케치어서치 59-60
스티브 잡스 19
스피너 컨트롤 116, 118
시스코 22
실버라이트 26

ㅇ

아마존 36
아메리칸 항공사 117
아이패드 40~41, 97, 145
아이폰 19~20, 23, 26, 28, 31-32, 39-40, 42, 51, 56~57, 78~80, 109, 114~115, 138~139, 145
안드로이드 23, 26~27, 30, 53, 55, 79, 93, 115
앱캐시 36
앵커링크 75~76
야후! 36, 58, 60, 139-140
야후! 메일 80-81, 83-84, 96, 102
어도비 11
어도비 에어 26
어포던스 96, 98-99, 102
옐프 24, 53
오브젝티브 C 26
오페라 미니 22-23, 104
옴니그래플 94~95
와이어프레임 94~95
와콤 뱀부 93
우분투 88
웹웍스 26
위치 탐지 48-52, 59, 109, 130
윈도우폰7 26, 79, 88~89, 93
유튜브 70-71, 73, 75, 87
이단 마콧 142, 151, 153
이미지 스프라이트 35
이베이 17, 109
이부 143, 153
인스타페이퍼 56
입력 마스크 122~125
입력 타입 113, 119-123

ㅈ

자기 탐지기 48, 50-51
자바 26
자바스크립트 35~36, 76, 104, 122, 139, 142
자이로스코프 57, 59
전자태그(RFID) 59, 131
점진적 향상 기법 105
정보 설계 48, 65
제스처웍스 93
제이슨 그릭스비 25, 151, 154
조 휴잇 28
조시 클락 66, 151, 154
지메일 55, 77~78
질로우 24, 53

ㅋ

카약 54, 116~119, 130
캔버스 36
케이트 아로노위츠 10

콘텍스트 37

쿼라 89-90, 128-129

크레이그 빌라모어 92, 151

크롬 78, 80, 106

ㅌ

탭워디 66

트랙볼 85, 104, 118

트랙패드 85, 104, 118

트랙휠 85

트위터 26, 41, 75, 81-82, 100-101, 110-111, 130

ㅍ

판도라 17

팜 27, 93

페이스북 10, 26, 28, 41, 71~72

페이팔 17

플레이스테이션 145

플리커 32~34, 67~68, 70, 90~91

피터-폴 콕 120, 137~138, 151

픽셀 밀도(PPI) 88, 137~139

ㅎ

호버 86, 99~103, 106

저자 소개

루크 로블르스키는 공식적으로 서비스를 시작한 지 단 9개월 만에 트위터에 인수된 백체크Bagcheck(http://bagcheck.com)의 공동 설립자이자 최고제품책임자(CPO)였습니다.

이보다 앞서 그는 벤치마크 캐피탈Benchmark Capital의 예비창업자(EIR) 겸 야후!Yahoo! Inc.의 수석 디자인 설계자(VP)로 혁신적인 웹, 모바일, TV 등의 고객경험 연계 및 통합과 관련된 일을 했습니다.

루크는 이 책을 비롯해 두 권의 유명한 웹디자인 서적《웹 폼 디자인Web Form Design 》(인사이트, 2009)과《사이트 보기: 웹 사용성에의 시각적 접근Site-Seeing: A Visual Approach to Web Usability》(Wiley, 2002)을 저술했습니다. 그리고 디지털 디바이스를 위한 디자인과 전략에 관한 많은 논문을 발표했습니다. 또한 전 세계 콘퍼런스와 기업에서 가장 인기 있는 강사이며, 상호작용디자인협회(IxDA)의 공동 설립자이자 전 위원입니다.

그 이전에는 이베이eBay Inc.의 플랫폼 팀에서 UI 기획 팀장으로 일했는데 이베이 익스프레스eBay Express와 키지지Kijiji 같은 신제품을 비롯, 내부 툴과 프로세스를 위한 전략적 디자인을 이끌었습니다. 또한 제품 전략과 디자인 자문회사인 루크W 아이데이션&디자인LukeW Ideation & Design(http://www.lukew.com)을 설립했으며, 일리노이대학에서 인터페이스 디자인 석사 과정을 가르쳤습니다. 최초의 대중적인 그래픽 웹 브라우저인 모자이크Mosaic를 만든 NCSANational Center for Supercomputer Applications에서 수석 인터페이스 디자이너로 일하기도 했습니다.

어 북 어파트 소개

웹디자인은 다방면의 폭넓은 지식과 고도의 집중력이 필요한 작업입니다. 'A Book Apart' 시리즈는 웹사이트 제작자를 위한 것으로, 웹디자인과 관련된 최신 이슈와 필수적인 주제를 멋스럽고 명료하게, 무엇보다 간결하게 다루고 있습니다. 디자이너와 개발자들은 낭비할 시간이 없기 때문입니다.

또한 웹사이트를 제작하는 데 있어 까다로운 문제를 좀 더 쉽게 이해할 수 있도록 실마리를 제공, 궁금증을 해결해주고, 실제 작업에 활용할 수 있도록 최선을 다하고 있습니다. 웹 전문가들에게 필요한 툴을 제공하고자 하는 우리의 의지를 성원해주셔서 감사합니다.

웹액츄얼리코리아 소개

웹액츄얼리코리아(주)는 2008년 4월 설립된 워드프레스 전문 웹디자인 에이전시이자 출판 미디어 회사입니다. 웹디자인 분야를 전문적으로 다루는 인터넷 매거진도 운영하고 있습니다.

2008년부터 '스매싱 매거진', '어 북 어파트' 등 글로벌 웹 디자인계에서 최고 인기를 얻고 있는 출판사들과 독점 판권 계약을 맺고 있으며, 해외의 실력 있는 정상급 디자이너와 개발자들이 집필하는 최신 트렌드를 다룬 도서를 중심으로 번역, 출간하고 있습니다.

지금까지 출간한 책으로는 '어 북 어파트' 시리즈 외에 글로벌 모던 웹디자인 최고 실용서인《스매싱 북 1, 2》와 전 세계에서 사랑받고 있는 CMS 툴인 워드프레스 한글판 가이드《워드프레스 제대로 파기》등 다수가 있습니다.